MÉTHODE

DE

COUPE D'HABILLEMENS,

Par Compaing,

RÉDACTEUR DU JOURNAL DES TAILLEURS.

PRIX :

4 francs, et 4 francs 25 cent. par la poste.

A PARIS,

Chez M. COMPAING, passage des petits-pères, 5,

ET AU BUREAU DU JOURNAL DES TAILLEURS,

BOULEVART DES ITALIENS, 2 L, CONTRE LE PASSAGE DE L OPÉRA.

1842

JOURNAL DES TAILLEURS.

Le Journal des Tailleurs, rédigé par Compaing, paraît les 1ᵉʳ et 16 de chaque mois, depuis 1830. Chaque livraison se compose de huit pages de texte, une gravure de costumes et une planche de patrons en petit. Le numéro du 1ᵉʳ a de plus une planche de grands patrons. Les coupes en petit sont numérotées de façon à ce que les chiffres indiquent la forme et la grandeur naturelle des patrons.

Les lettres et l'argent doivent être adressés *franc de port.*

Les abonnemens se paient d'avance, soit par des mandats sur la poste ou des billets payables à Paris.

On s'abonne au Journal des Tailleurs,

BOULEVART DES ITALIENS, Nº 2 L,

CONTRE LE PASSAGE DE L'OPÉRA, A PARIS,

Et chez tous les Directeurs de Poste des départemens.

CONDITIONS DE LA SOUSCRIPTION.

	3 mois.	6 mois.	1 an.
POUR PARIS ET LES DÉPARTEMENS.	6 fr.	— 11 fr.	— 20 fr.
POUR L'ÉTRANGER.	7	— 13	— 24

Avec un supplément pour une gravure de femme jointe à chaque numéro

	3 mois.	6 mois.	1 an
POUR PARIS ET LES DÉPARTEMENS.	7 fr. 50	— 14 fr.	— 26 fr.
POUR L'ÉTRANGER.	8	50 — 16	— 30

LEÇONS DE COUPES D'HABILLEMENS,

D'APRÈS LA MÉTHODE DU *Journal des Tailleurs,*

CHEZ **M. COMPAING**, PASSAGE DES PETITS–PÈRES, 5.

CONDITIONS :

Le prix des leçons est de 2 francs par séance de deux heures.
On ne donne pas moins de cinq leçons, et elles se paient d'avance.
Les leçons ont lieu le matin, pendant toute l'année ; et le soir, pendant les trois derniers mois seulement.

PRIX DES OUVRAGES ET INSTRUMENS QUI FONT PARTIE DE LA MÉTHODE.

1º *Méthode de Coupe d'Habillemens*...........................	4 fr.	» c.
2º *Traité de la Coupe des Pantalons*.........................	3	»
3º *Livret de Mesures*...	1	50
4º Deux règles en bois ayant des échelles de proportion sur les côtés et les centimètres au milieu.......	16	»
5º Ruban métrique, en peau, avec bout en cuivre	1	25

On trouve également chez **M. Compaing** des grands patrons de tous genres de coupes, et au complet ; le prix est de 1 fr. 50 c. par modèle d'habit, redingote ou pantalon, les gilets sont de 1 fr. On doit indiquer les mesures.

Ces articles se paient d'avance. Les lettres et mandats doivent être affranchis. L'envoi des paquets est à la charge du demandeur.

Imprimerie de Mᵐᵉ Vᵉ Dondey-Dupré, rue Saint-Louis, 46 (au Marais).

1842.

MÉTHODE

DE

COUPE D'HABILLEMENTS,

Par Compaing,

RÉDACTEUR DU JOURNAL DES TAILLEURS.

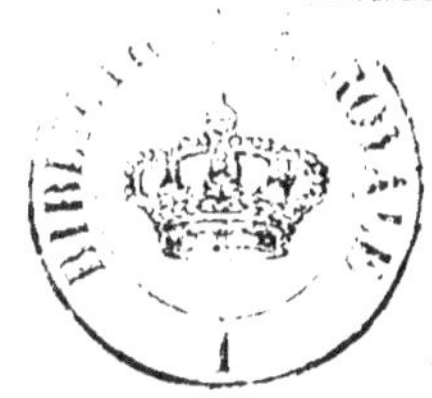

PREMIÈRE PARTIE.

Le principe de la coupe des grandes pièces et gilets présentera toujours cette difficulté que la mode change sensiblement en quelques années, et qu'à une date peu éloignée un ouvrage a déjà vieilli, surtout quand on a voulu ou que l'on a cru faire une méthode définitive, infaillible dans toutes ses parties; nous pensons, au contraire, qu'avec tout le talent possible on ne fera jamais de chef-d'œuvre, mais on pourra établir un bon mode d'instruction, et c'est là l'essentiel.

Il s'agit pour cela de bien séparer le principe d'avec la mode du moment et faire en sorte qu'avec une étude bien dirigée on puisse suivre les progrès, les perfections ou les changemens que le temps apportera toujours dans l'habillement des hommes. L'enseignement de la coupe pourrait avoir une marche régulière comme celle des sciences exactes ; mais là encore il faut se conformer à la disposition des personnes. Telle partie démontrée en premier se comprendra mieux que si elle était précédée d'une autre : nous remarquons, par exemple, que l'on devrait toujours commencer par tracer des patrons, c'est un exercice qui forme la main et la vue, et qui n'a pas d'autre but pour commencer. C'est cette simplicité même qui fait que l'on n'en comprend pas l'importance ; on se du dos et le point qui est sur la hanche ; pour voir si le ruban est droit, il faut regarder s'il ne gode pas d'un côté.

N° 12. *Grand côté*, comprenant la distance entre la pointe de côté et le point de jonction.

N° 13. *Petit côté*, comprenant l'espace entre le dessous de l'emmanchure et le point de la hanche ; il faut que le ruban entre bien sous le bras, autrement l'emmanchure peut devenir trop basse.

N° 14. *Buste* (ruban serré), comprenant la distance entre le haut du dos et la hanche ; pour bien mesurer, on place le bout du ruban en haut du dos, on le passe sous le collet, puis on l'appuie au défaut de l'épaule, on le fait passer devant le bras et on l'arrête en bas. Lorsque cette mesure est douteuse, on la reprend en dessous, en ayant soin toutefois que le point de cambrure soit à la même place, quitte à faire une marque au gilet ou à la ceinture du pantalon.

Pour le corsage, figure 4, on revient devant la personne, sans être tout à fait de face, et l'on mesure les

N° 15. *Devant*, partant du haut du dos, tournant autour du cou, et rentrant au bas du devant. Pour mettre ce point en rapport avec la taille, il faut se baisser et comparer les hauteurs, de façon qu'elles se trouvent de niveau.

N° 16. *Revers*, comprenant la longueur entre l'encolure et le bas du devant.

N° 17. *Poitrine*, comprenant l'espace entre l'emmanchure et le devant du cou ; elle est placée plus haut que l'on ne le faisait quand on prenait les deux côtés à la fois.

N° 18. *Epaulette*, comprenant l'espace entre l'encolure et le dessus de l'épaule.

N° 19. *Collet*, comprenant l'encolure, de tel genre que soit le vêtement.

N° 20. *Avancement*, mesure pour trouver la position du devant de l'emmanchure ; pour la prendre, on passe d'abord le ruban sous le bras, puis on place le bout sur la couture du dos, de façon qu'il soit de niveau avec la hauteur de l'écarrure ; ensuite on étend le ruban avec la main qui est devant le bras, et l'on le tient de manière à ce que le pouce se tienne droit et s'appuie sur le bras ; la main qui est sur le dos doit presser l'omoplate, pour effacer les plis qui sont dans les côtés, et, comme en serrant le ruban la mesure pourrait devenir trop petite, on fait avancer le bras de la personne ; puis comme les deux mains sont employées, on est obligé d'appuyer avec la poitrine.

N° 21. *Sous-bras*, comprenant la circonférence du corps, que l'on n'écrit que par moitié ; on doit prendre cette mesure de manière à monter le plus que l'on peut par derrière, et il en résulte pour remarque que le ruban ne monte jamais plus haut que la moitié de la longueur du dos.

N° 22. *Ceinture*, comprenant la grosseur au défaut des hanches; en mesurant cette partie il faut que le serrage soit d'une force naturelle; trop d'aisance ou trop de pression produisent un défaut dans l'aplomb de la coupe.

Les mesures supplémentaires, qui font suite à celles que l'on vient d'expliquer, ne se prennent pas journellement; c'est une sorte de contre-épreuve employée dans les cas difficiles, et servant au besoin à démontrer comme quoi le mesurage peut toujours résoudre la question majeure, celle d'obtenir des coupes conformes à toutes les structures. On a donné un numéro d'ordre à ces mesures, et comme il y a beaucoup de personnes qui les prennent, on fera bien d'adopter la même marche, parce qu'elles peuvent s'inscrire dans les colonnes qui au livret des mesures sont pour les pantalons. Les mêmes numéros serviront à les désigner; ainsi pour les supplémentaires, figure 5, on mesurera les

N° 1. *Pointe du côté*, comprenant l'espace entre la pointe du haut et le cran de la taille; cette mesure est pour savoir s'il faut de l'embu dans le côté du dos.

N° 2. *Hauteur d'épaule*, comprenant la distance directe depuis la taille jusqu'à la partie la plus élevée du dessus de l'épaule.

N°. 3. *Suite* (de la hauteur d'épaule), venant aboutir au point de cambrure, et servant à calculer le tendage de l'emmanchure.

N° 4. *Double montant*, comprenant l'espace entre le haut du dos et le dessus de l'épaule, servant à déterminer le colletage du derrière de l'encolure.

N° 5. *Double poitrine*, prise du cou au-dessus de l'épaule, servant à fixer le point le plus élevé de l'emmanchure.

N° 6. *Revers oblique*, partant de la hanche pour s'arrêter en haut du revers, servant à déterminer le serrage du devant.

N° 7. *Creux des reins*, mesure anglaise qui se prend comme le buste, mais qui vient au milieu de la taille, et servirait à désigner le rentrage du côté s'il ne l'était déjà par d'autres mesures.

N° 8. *Diamètre d'épaule*, comprenant l'ouverture horizontale de l'emmanchure, et servant à trouver une ouverture oblique qui revient sur le dessus de l'épaule; puis ce dessus d'épaule sert d'appui à la largeur de l'épaulette; toutes évaluations dont on reparlera plus tard. Il y a encore un

N° 9, qui est la grosseur sur les hanches, servant à calculer le contour de la basque, s'entend que si avec une ceinture mince on trouve des hanches fortes, il faudra nécessairement que la basque soit évasée.

Après ce qui vient d'être dit sur les mesures, il y a dans la partie qui contient les vingt-deux mesures un *rapport des mesures pour apprendre à les comparer ou à créer celles qui manquent*. Cela veut dire que l'on a trouvé (non sans chercher) que les mesures d'un homme bien construit ont un certain rapport entre elles qui ne varie pas, à moins que la construction ne varie elle-même ; ce rapport a donc pour but de contrôler les mesures les unes par les autres, afin de voir si elles sont bien prises ; et c'est par ce moyen que nous avons poussé si loin la définition de toutes les structures d'hommes que l'on rencontre. On a dit qu'avec ce même calcul on pouvait créer les mesures qui manquent. Ceci cependant ne peut pas se prendre à la lettre, parce que les suppositions sont sujettes à erreur ; on peut deviner à peu près, quelquefois tomber juste, si l'on a déjà une longue pratique. En un mot, nous ne donnons cette manière de se passer de mesures que parce qu'il ne faut pas perdre une commande ni gâter des effets, faute d'avoir ses vingt-deux mesures. Voici sur quoi repose cette évaluation : *La taille* contient ordinairement 10 centimètres de moins que le buste ; donc si l'on n'a que cette longueur, il faut supposer le buste à 10 centimètres de plus que la taille. Les hommes tout à fait renversés ont jusqu'à 14, et les voûtés n'ont que 6.

Le montant vaut 5 de plus que l'écarrure, et s'il n'a pas été pris, il faut le supposer d'après cette donnée. L'écarrure a par la même raison 5 moins que le montant ; l'augmentation de ce dernier vient généralement des hommes qui ont le cou long ; mais il y a aussi les genres de coupe qui le font varier.

Le tour d'épaule contient ordinairement 5 centimètres de moins que le sous-bras, comme 43 pour 48. Les épaules les plus fortes vont jusqu'à 48, les plus petites ne vont qu'à 38 ; c'est donc 5 en plus, 5 en moins que la proportion moyenne. Il est à observer que si cette mesure manque, on ne peut guère présumer sa valeur ; mais quand on crée les autres, l'emmanchure prend naturellement une grandeur déterminée, ce qui se voit quand le tracé est fait.

La cambrure compte pour le tiers du sous-bras, ou la moitié de l'avancement d'épaule. Pour la supposer il faudrait calculer si la ceinture est forte ou mince ; mais on se tient encore à conserver le point de la hanche à la même distance.

La courbure vaut 4 centimètres de plus que la taille, ou 6 de moins que le buste ; en la comparant par la taille, on voit si celle-ci est longue ; en la comparant par le buste, on voit si l'épaulette est longue.

Le grand côté contient 6 centimètres de plus que le petit côté ; l'augmentation rend la pointe plus haute, la diminution la rend plus basse.

Le petit côté est la moitié de la taille.

Le buste a, comme on l'a déjà dit, 10 de plus que la taille, ou 6 de plus que la courbure.

Le devant a 4 de plus que le buste, s'entend pour ceinture moyenne. Le revers a 20 centimètres de moins que le devant; c'est une évaluation basée d'après une encolure ordinaire.

L'avancement d'épaule compte pour les deux tiers du sous-bras, comme 32 pour 48; cependant la majorité des mesures donne 33, et la variation décline jusqu'à 30, et augmente jusqu'à 36.

Le sous-bras est le terme de comparaison de plusieurs mesures. Sa principale propriété est de désigner l'échelle de proportion, ou plutôt c'est cette mesure que l'on divise pour obtenir des réductions ou des agrandissemens de patrons. Nous en reparlerons plus tard.

La ceinture compte pour 8 centimètres de moins, comme différence moyenne; c'est la mesure qui varie le plus : elle peut décroître jusqu'à 32 (2/3), ou augmenter jusqu'à 56 (qui est le sous-bras plus un sixième).

Comme c'est dans le mesurage que l'on peut étudier et la coupe des vêtemens et la construction des hommes, il est bon de placer ici une sorte de relevé de toutes les structures que l'on peut rencontrer; nous dirons sur cela que depuis quatre ans nos idées n'ont pas été contredites par l'expérience; il y a bien en effet six principales constructions régulières, s'entend celles où la droite et la gauche des hommes sont symétriques ou parallèles; ceux qui sont contrefaits forment un composé de deux positions différentes, et l'on ne peut pas trop prévoir jusqu'où peuvent aller les déviations.

Ainsi, dans les six constructions régulières, il y a, 1° l'homme qui se tient droit de corps, mais dont les épaules peuvent être basses ou hautes, fortes ou petites.

2° Il y a l'homme voûté, dont le corps incline en avant, et qui peut aussi avoir les épaules fortes, moyennes ou petites, basses ou hautes, mais toujours en avant; sans cela il ne serait pas voûté, il n'aurait que le cou porté en avant; ceux-ci ont la poitrine étroite.

3° Il y a l'homme renversé, dont le corps incline en arrière et dont les épaules peuvent être petites, moyennes ou fortes, hautes ou basses, mais toujours en arrière; ceux-ci ont la poitrine large.

4° Il y a l'homme gros par la ceinture, qui peut être droit, voûté ou renversé, avec les épaules dans une des proportions que l'on vient de citer.

5° Il y a l'homme trapu, celui dont le buste est court, qui peut aussi être droit, voûté renversé ou gros, avec des épaules variant de toutes les façons.

6° Il y a l'homme élancé, celui dont le buste est long, qui peut avoir l'une des trois positions, joint à ce que la ceinture peut être mince ou forte, les épaules à toutes proportions.

Voilà ce que sont les six structures: maintenant il y a des hommes dont le col est fort; presque toujours ce sont ceux qui ont les épaules hautes; d'autres ont le col long, étroit en haut, large au bas de la cravatte, et ce sont les épaules basses; il y a aussi les hommes à épaules larges, dont la poitrine et le dos sont plats; il y a encore les hommes resserrés par les côtés, ayant la poitrine bombée ainsi que le dos, et présentant généralement de fortes épaules. On trouve encore des reins larges, quoique avec une ceinture mince; enfin dans le bas du torse on trouve de ces positions brisées où le bas-ventre se porte en avant, le derrière s'éclipse et l'habit n'a pas de soutien, ce qui fait qu'étant déboutonné il fuit loin du corps.

Avant de passer à un autre article, faisons encore un examen de la variation des structures pour les considérer comme évaluation générale. On a dit qu'il y en avait six de formes différentes, que l'on peut regarder comme faisant la base de toutes les variations régulières et même difformes; car il arrive qu'un homme a certaine partie du corps tenant d'une position et certaine partie tenant d'une autre; ce serait un mélange de plusieurs structures pour une seule personne, et s'il fallait prévoir tous les cas, il faudrait établir autant de règles que l'on trouverait d'exceptions. Tenons-nous-en pour le moment à classer les diverses structures par séries, de façon à parcourir tous les degrés de grosseurs, depuis la plus petite jusqu'à la plus forte taille, afin de savoir que depuis telle demi-grosseur jusqu'à telle autre il y a telle et telle construction. Voici le tableau que cela présente.

La série de 28 *à* 32 est celle des petits enfants; leur structure est assez incertaine, vu qu'on les habille large et qu'on ne peut pas leur prendre mesure. Ils ont les ceintures aussi fortes que la poitrine, et ils ressemblent aux hommes grands et gros.

La série de 32 *à* 36 est celle des enfants de plusieurs tailles; les uns petits et gros, d'autres maigres et élancés. La proportion centrale est celle d'une structure renversée, élancée; ceintures et épaules fortes.

La série de 36 *à* 40 rentre dans la classe élancée, à moins qu'il ne s'y trouve des petits hommes. Proportionné plus près de 40 que de 36.

La série de 40 *à* 44 contient toutes les constructions, excepté l'homme à gros ventre. Il y a bien des ceintures fortes, mais ce sont des hommes élancés, faibles par la poitrine et forts en bas des reins. La proportion centrale est le genre proportionné, cependant il approche plus de 44 que de 48.

La série de 48 *à* 52 produit peu de genres élancés, beaucoup d'hommes trapus, mais la proportion centrale tient du genre gros.

La série de 52 *à* 56 n'a plus de genres élancés ; toutes les structures rentrent dans le genre gros, soit voûté, droit ou renversé ; mais ce que l'on trouve de plus fréquent, ce sont de grands raccourcis sur la longueur du buste.

La série de 56 *à* 60 renferme tous hommes gros, dont beaucoup ont la ceinture plus forte que le sous-bras.

La série de 60 *à* 64, aussi bien que celle de 64 à 68, ne renferment plus que des structures d'un même genre. Ainsi il y a une certaine uniformité dans les hommes gros. L'exception la plus remarquable est que si c'est un jeune homme de 24 à 26 ans, ses proportions du haut du buste sont plus fortes, en ce qu'elles proviennent d'une force naturelle, tandis que dans les hommes d'âge l'embonpoint a quelque chose de difforme.

DEUXIÈME PARTIE.

MÉTHODE DES PROPORTIONS.

Nous avons nommé *méthode des proportions* le calcul qui résulte naturellement des circonstances qui se présentent dans la coupe de l'habillement ; voici de quoi il est question : on aura, par une méthode quelconque, fait le patron d'un habit qui aura bien été ; pour en conserver la coupe, on déterminera son plan par des lignes droites et parallèles ; puis on mesurera les longueurs et les largeurs, et l'on écrira les chiffres, le tout pour savoir quelle est sa forme ; si bien que le patron pourra se refaire quand on voudra ; mais s'il est noté par centimètres, et qu'on le trace encore par centimètres, il sera toujours de la même grandeur ; il ne pourra, par conséquent, s'employer pour une autre personne, qu'autant qu'elle sera de la même grandeur que la première, et c'est là que l'application de la méthode des proportions devient indispensable, parce que les hommes que l'on habille ne sont presque jamais de la même grandeur ni de la même forme. Ainsi, si au lieu d'avoir mesuré un seul patron, on en a mesuré plusieurs, en ayant soin de les choisir parmi des constructions variées, et si, par un simple changement de mesure (l'emploi d'une échelle de proportion au lieu d'un centimètre), on peut avec un modèle en faire dix, il y aura économie dans les calculs de mémoire, qui sont déjà assez nombreux, et qu'il faut ménager pour reporter son

attention sur la variation du genre des coupes plutôt que sur le changement des grandeurs. Nous disons donc que la méthode des proportions
doit avoir pour principe de laisser en tout temps cette question libre :
LA SUISSE SANS LE COMMANDER, savoir que par rapport à la mode, aussi
bien que la variation des structures, on ne peut pas admettre de genre
de coupe invariable.

Les modèles bien construits ne sont considérés que comme des termes
de comparaison. Les personnes qui pensent que l'on veut astreindre
toutes les coupes à une même proportion se trompent, car pour la mode
nous donnons à chaque instant de nouveaux modèles ; pour la variation
des structures, nous recueillons tout ce qui présente de bonnes obser-
vations, et si l'on a établi une certaine théorie pour cette étude, c'est
qu'il faut y mettre de l'ordre, et défrayer en quelque sorte les principaux modèles.

Passons maintenant à l'explication de la méthode des proportions, et
remarquons que ce système consiste à graduer des mesures, selon la force
des hommes, lesquelles mesures servent à graduer les patrons. On a pris
pour mesure principale la moitié de la grosseur du haut du corps, prise
horizontalement sous les bras, et l'on est convenu que, petite, moyenne
ou forte, cette mesure serait toujours partagée en 48 parties. On est convenu que la mesure primitive serait de 48 centimètres, parce que c'est
la grosseur moyenne entre les petites et les fortes tailles. Notre premier
modèle d'échelle de proportion était une feuille en papier contenant toutes les demi-grosseurs, depuis 24 centimètres jusqu'à 60. elle était dres-
sée sur le plan de la figure 1. planche n° 2, c'est-à-dire que c'était
une échelle générale divisée sur un centre, et dont les rayons divi-
sent toutes les mesures à la fois. Pour l'exécuter, on marque d'abord une
ligne droite, à laquelle on donne une longueur de 48 centimètres, comme
si on reportait l'échelle métrique figure 2 sur la ligne qui a 48 à gauche
et 48 à droite ; puis on élève sur le milieu de cette ligne une perpendi-
culaire dirigée vers le sommet ; sa longueur peut varier, mais pour placer les autres lignes avec plus de facilité, on la compte aussi à 48 centimètres de longueur et on la partage en deux ; après, on la tranche en travers par une ligne qui devient parallèle à la première, et à laquelle on
donne 12 centimètres de chaque côté ; ensuite on trace les deux lignes
qui font les deux côtés du triangle. On trace toutes les parallèles repré-
sentées par les lignes 24—48, 28—48, 32—48, etc. Il est bien entendu
qu'au lieu de compter les grosseurs de 4 en 4, on les compte de 1 à 1, et
que l'on peut mettre autant de grosseur que l'on veut au-dessous de la
ligne qui vaut 48 ; on peut donc avoir des grosseurs jusqu'à 70, 80, et
plus si l'on veut. Pour les diviser, on n'a encore compté les espaces que

de 2 en 2, mais on peut compter de 1 à 1, en dirigeant les rayons de façon que la règle reste toujours à l'angle d'en haut et qu'elle tourne sur ce point pour décrire les lignes qui vont de 2 au centre, 4 au centre, 6 au centre, etc., mais les points, au lieu d'être en bas, sont sur la ligne 48—48. On comprend que, puisque les centimètres ne sont pas à la base l'échelle a deux sections, l'une où toutes les divisions sont plus petites que les centimètres, l'autre où elles sont plus grandes. On conçoit encore que puisqu'il y a 37, grosseur placée parallèlement, il faut pour les reconnaître mettre un numéro à la gauche qui dise que 24 est pour 24 de demi-grosseur, 28 est pour 28 de demi-grosseur, et ainsi de suite.

Or, pour se servir de cette échelle, il faut la ployer et faire partir le pli du numéro qui est à gauche; c'est à la demi-grosseur de l'homme à la désigner. Il y a d'autres méthodes pour faire des échelles de proportions ; nos échelles en bois, par exemple, sont détachées; chaque mesure a sa division et ses chiffres comme dans la figure 3. On peut augmenter la division en la prolongeant jusqu'à 60, parce qu'il y a dans les corsages des distances au-dessus de 48.

Néanmoins elles sont faites d'après le même procédé; le numéro des grosseurs est aussi à la gauche ; la valeur des centimètres doit être pareille, s'entend que si l'on prend l'échelle n° 32, la division de 48 ne doit toujours valoir que 32 centimètres.

Il y a un autre procédé appartenant à la géométrie, et dans lequel on obtient des agrandissements ou des réductions par des parallèles. Dans la figure 4, par exemple, pour diviser une longueur de 60 ou 48 parties, on tire d'abord la verticale placée à gauche; sur une longueur de 48 on mène en bas une ligne à angle droit, on place obliquement la longueur 60, puis on divise la ligne 48 par des parallèles qui viennent tomber sur la ligne oblique, et qui produisent nécessairement une division plus grande.

Dans la figure 5, pour diviser une longueur de 36 en 48 parties, c'est la longueur 48 qui se place obliquement, et dont la division vient retomber sur la ligne qui a 36 centimètres de longueur. Ce procédé s'emploie pour des échelles séparées, et l'on voit que les longueurs au-dessus de 48 sont toujours placées obliquement, tandis que celles qui ont moins de 48 forment l'angle droit avec la ligne qui sert de base. Maintenant que l'on se rappelle bien que toutes ces divisions d'échelles n'ont pas d'autre but que de réduire ou agrandir des modèles d'après un exemple donné, comme de tracer les devants figure 7 ou 8, avec les mêmes points de construction que le devant figure 6, s'entend qu'ils doivent avoir une forme toute semblable. Le tracé par échelle doit avoir la même propriété pour les dos, figures 9, 10 et 11.

Examinons à présent la propriété de quelques autres procédés qui sont oin d'être supérieurs à ceux dont on vient de parler, mais qui prouvent seulement que si nous admettons bien résolument la méthode des échelles de proportions, c'est parce que nous avons essayé de tout, et que l'expérience nous a démontré à quoi il fallait s'en tenir. Comme méthode de réduction, il y a le partage des quantités, qui peut donner autant de modèles que l'on veut. En comptant simplement que si l'on a la construction d'un modèle tel que le devant figure 11, il suffit pour en faire qui ne soient qu'à moitié grandeur de mettre la moitié de toutes les quantités, comme dans la figure 12, de même pour en faire un autre qui soit réduit aux trois quarts, on prendrait les trois quarts de tous les points, ou le milieu entre le petit et le grand. Puis on prendrait encore les milieux entre le petit et le moyen, après le milieu entre le moyen et le grand. On pourrait par la même raison prolonger le plus grand pour en faire un autre, qui au lieu d'avoir un quart de moins, ait un quart de plus ; et de cette façon on aurait une sorte de table de proportion remplie de fractions, dans laquelle il faudrait chercher ; et je dis qu'avec un seul exemple et ses échelles on a tout autant de modèles, et qu'en le sachant par cœur on les sait tous. Les devants figures 12, 13, 14, et leur dos, figures 15, 16, 17, ne sont donc que pour prouver que ce moyen de réduire sans échelle nous est connu depuis longtemps, et que nous le regardons comme trop compliqué et sujet à être retouché dans son entier, rien que par un léger changement de mode.

Il y a encore un autre procédé de réduction auquel nous attachons beaucoup plus d'importance, parce qu'il nous a servi à lever les grandes difficultés ; c'est presque l'histoire du Journal des Tailleurs, et la voici : A l'époque où nous avons commencé, nous n'avions rien de fait, si ce n'est la méthode des échelles de proportions ; quelques modèles que l'on dressait à son idée, et que l'on devait vérifier avec les mesures avant de les couper ; un mode de mesurage qui n'était pas à beaucoup près ce qu'il est aujourd'hui. Vous le voyez, on avait les outils, mais pas de matière pour travailler. Deux années se sont donc passées en démonstrations pour apprendre à tracer, à lever des modèles et à rectifier la manière de prendre les mesures. Deux autres années se sont écoulées pour mettre le mesurage en pratique ; puis ayant trouvé le moyen de mesurer chacun conformément à sa structure, on a eu autant de coupes que l'on en voulait ; mais il y avait des constructions extraordinaires, inconnues jusqu'alors, parce qu'elles n'avaient pas été étudiées. C'est en s'attachant aux coupes les plus difficiles que l'on est parvenu à trouver les extrêmes : ainsi, pour en revenir à ma méthode favorite, voici à quoi elle me servait : Quand j'avais les patrons d'un bon gros père, et que je les comparais à ceux d'un homme proportionné, je me disais : Mais il doit y avoir une gradation entre ces deux coupes, ainsi prenons un terme moyen pour décomposer l'un par l'autre, cela produira un intermédiaire moitié gros, moitié proportionné ; puis cela étant établi nous en ferons un autre qui n'aura plus que le quart des différences ; puis un troisième qui en aura les trois quarts : et de cette façon avec deux modèles nous en auront cinq. Cette décomposition a produit beaucoup de bons modèles que l'on aurait cherchés pendant des années, et, chose assez curieuse, c'est qu'en mélangeant des constructions opposées comme un homme très-élancé avec un autre très-court, on a toujours trouvé que la moyenne produisait la coupe proportionnée. Ce calcul se fait principalement quand on veut établir des collections dont on n'a pas les mesures, ou quand on ne désigne que la plus petite et la plus grande taille et qu'il faut deviner les autres.

Pour donner des exemples de ces décompositions, on a pris quatre constructions différentes. Pour les deux premières, c'est une coupe de corsage pour un homme trapu, mise en regard de celle d'un homme élancé. Le dos figure 18 a la carrure haute et la taille courte, tandis que le dos figure 19 (1) a la carrure basse et la taille longue. Ainsi calculez que pour faire un dos moyen entre les deux, il faut 13 et demi au lieu de 12 ou 15, 16 et demi au lieu de 15 ou 18, 46 au lieu de 42 ou 50. Le devant figure 20 a l'emmanchure haute et le buste court, tandis que le devant figure 21 a l'emmanchure basse et le buste long. Pour faire un devant dont les proportions de longueur fussent moyennes entre les deux, il faudrait aussi partager les différences, et comme elles sont notées, il est inutile de les expliquer. Pour les deux autres modèles, c'est d'un côté un patron pour un homme d'une grosseur moyenne, de l'autre un pour un homme trapu et gros.

Comparez les différences entre les figures 22 et 23, 24 et 25, et vous verrez qu'elles sont notées sur les lignes du milieu. Remarquez aussi que quand il y a des différences dans les points de largeur, on en fait aussi le partage. On se rappellera aussi que c'est pour résoudre la variation des coupes que ce calcul est très-utile.

Passons maintenant à la définition de ce que l'on appelle *l'aplomb*, et remarquons bien que toutes les mesures dont il a été question doivent donner des coupes conformes à la structure de chaque personne, et qu'elles doivent aussi donner l'aplomb : l'un ne va pas sans l'autre ; ainsi toutes les évaluations que l'on peut appliquer à la forme d'un patron ne peuvent raisonnablement se faire qu'avec des mesures. C'est donc seulement dans la coupe proportionnée que l'on trouve de ces rapports réguliers qui ont toujours la même valeur, parce que la coupe conserve toujours les mêmes proportions. Ces conditions d'aplomb sont comme la construction des patrons, des termes de comparaison servant de base pour les autres, et comme on attache beaucoup d'importance à ces calculs, qu'il y a même des méthodes dont le fond repose sur ces principes, voici à quoi ils se rattachent :

Dans le modèle figure 26, planche n° 2, il y a plusieurs lignes qui représentent des mesures ou de simples lignes d'évaluation, selon comme on voudra les considérer : prenons que ce soit pour ce dernier objet qu'elles sont faites, et remarquons que pour évaluer la longueur du dos par rapport à celle du devant on compte (principalement dans la méthode anglaise) qu'il faut d'abord placer le dos près du côté en laissant une ouverture de 3 centimètres pour le crochet de l'emmanchure, puis placer le tiers du sous-bras (comme 16 pour 48) entre la couture du dos et le creux de la couture du susson. Ce point une fois marqué sert de centre ou de point de départ ; pour mesurer si la distance depuis le haut du dos jusqu'au centre est la même que la distance entre l'épaulette et le point de centre, ces deux lignes portent le nom de *rayons*, parce qu'elles partent d'un même point, contiennent la même longueur pour les hommes droits et donnent le rayon de l'arc du cercle que l'on décrit en partant du haut du dos pour s'arrêter sur le coin de l'épaulette ; c'est de cette évaluation que dépend l'aplomb de longueur, et il est bien entendu que l'une ou l'autre des lignes change selon la position de l'homme ; par exemple, pour celui qui se tient renversé, celle du devant devient plus longue et celle du dos devient plus courte. L'inverse a lieu pour les hommes voûtés; ainsi un patron renversé est celui qui a l'épaulette longue, et un patron voûté est celui qui a l'épaulette courte. Ceci démontre que les redressement ou renversement d'épaulettes tiennent à d'autres causes. Il faudra quelquefois une épaulette renversée pour un homme voûté, s'il a les épaules petites et basses ; comme il faudra une épaulette droite pour un homme renversé s'il a les épaules hautes.

L'évaluation de l'aplomb de largeur est, d'après ce que nous venons de dire, sujette à des variations, et la proportion ordinaire consiste à mesurer en ligne droite la distance qu'il y a entre le haut du dos et le côté de l'encolure, et à observer que cette distance donne ordinairement 4 centimètres de plus que la demi-grosseur sous les bras, et lorsque la ceinture vaut 8 centimètres de moins que le haut, cette ligne allant du dos à l'encolure se nomme *écart*, et sa variation dépend de la structure des hommes, et change dans les proportions suivantes.

Pour les ceintures très-minces et épaules larges, telles que carrure 21, sous-bras 18 et ceinture 32, l'écart est de 56, ou 8 de plus que le sousbras. On rencontre rarement des constructions semblables. Pour les ceintures et épaules ordinaires, telles que carrure 19, sous-bras 48, ceinture 40, écart 52 ; pour les ceintures fortes, comme sous-bras 48, ceinture 48, écart 48.

Pour les ceintures très-fortes et épaules étroites, telles que carrure 17, sous-bras 18, ceinture 56, l'écart est de 44 : c'est donc une variation de 12 en prenant les deux extrémités les plus éloignées et en remarquant que cet écart varie beaucoup par la forme des dos, selon comme ils sont larges ou étroits ; je veux dire que sans changer la position d'une épaulette elle sera plus ou moins droite suivant l'inclinaison du dos.

Il y a une autre évaluation plus en rapport avec la grosseur de poitrine, mais applicable seulement aux coupes ordinaires, à moins que l'on n'en calcule les variations. C'est de placer la demi-grosseur sous les bras, de façon qu'elle traverse l'écarrure, l'emmanchure, et qu'elle s'arrête au creux de l'encolure. Il n'y a pas d'exceptions à compter comme quand on mesure plus haut ; et cette distance est la même que la poitrine. Il y a encore d'autres évaluations qui toutes sont faciles à faire quand les patrons sont tracés ; mais quand on s'en fait une règle pour toutes les coupes, on risque à manquer sur certains points. Par exemple, pour l'écarrure du dos on compte sa profondeur au tiers du sous-bras ; c'est bien là la proportion ordinaire, mais elle varie selon la hauteur des épaules et la mode ; on compte les deux tiers du sous-bras (32 pour 18) pour le devant de l'emmanchure, et nous avons dit que l'on trouve quelquefois 36 ou seulement 30. On compte encore les deux tiers du sous-bras pour la profondeur d'emmanchure de puis le haut de l'encolure jusqu'au nerf du devant du bras ; et ce point varie beaucoup selon la hauteur des épaules. On compte aussi qu'il faut toujours une ligne droite passant par le côté de l'encolure, le devant de l'emmanchure et le bas de la couture du côté. Et là dedans il y a 1° que la longueur de la taille fait dévier la ligne suivant comme les pointes du côté sont longues ou courtes ; 2° que le devant de l'emmanchure avance ou recule selon la position de l'épaule ; 3° que l'encolure avance ou se retire selon la forme, la grosseur et la position des épaules : ainsi la ligne droite menée par les trois points se trouve souvent rompue, ou elle passe tantôt en dehors, tantôt en dedans de l'emmanchure.

Il y a certaines évaluations, pour l'aplomb des basques, que nous avons étudiées longtemps, et qui se sont réduites à remarquer qu'une basque d'habit était une pièce tout à fait à part, étant sujette à varier un peu d'après la position de l'homme, mais de peu de chose, attendu que c'est le corsage qui doit être modifié. Prenons qu'une même basque peut aller à tous, et que si un homme se tient renversée sa taille sera courte par le dos et longue par devant : donc la basque sera maintenue en arrière ; et c'est ce qui doit avoir lieu pour les hommes de cette position. Si au contraire l'homme est voûté, il faudra que la taille de son habit soit longue et que le revers soit court; donc la basque sera retenue, et c'est la condition voulue; pour les manches on a aussi quelques calculs pour mettre le talon en rapport avec le devant du bras. On compte que pour les épaules en arrière il faut diminuer le talon, et pour celles qui sont en avant il faut l'augmenter; mais il est à remarquer que les dos changent de largeur et agissent pour la manche, d'où il résulte que celle-ci ne change pas de beaucoup.

Pour résumer ce qui a été dit dans les descriptions des planches n° 2 et 3, il faut s'arrêter a ce que, jusqu'à présent, nous n'avons pas indiqué de moyen d'exécution autre que celui du mesurage sur les personnes. La description des échelles est moins pour apprendre à les exécuter que pour en faire comprendre l'usage, attendu qu'on les trouve toutes faites. Nous aurons à démontrer la manière de tracer les patrons, celle d'employer les mesures, se servir des échelles, calculer la confec. tion et l'apprêt des pièces de détail.

Imprimerie de Vᵉ Dondey-Dupré, rue Saint-Louis, 46, au Marais.

TROISIÈME PARTIE.

PRATIQUE DU TRACÉ ET DE L'EMPLOI DES MESURES.

PLANCHE N° 3.

La leçon qui se rattache à la description de la planche n° 3 comprendra la pratique du tracé et l'emploi des mesures : ce sont ces deux opérations qui renferment le principe de la coupe. Comptez qu'en effet la pratique n'est autre chose que le tracé des modèles sur étoffe ou sur papier. Le mesurage plus ou moins compliqué que l'on applique à ces modèles ; puis la coupe pour les débiter par morceaux. Ainsi, que l'on travaille par routine ou par principes, on ne fait que cela et rien de plus.

Nous avons démontré précédemment qu'il pouvait y avoir autant de genres de coupe qu'il peut exister d'hommes faits différemment. On est convenu que la coupe dite proportionnée serait le terme de comparaison des autres ; mais que le fond de la méthode reposerait sur elle, et pour ne pas se méprendre, voici comment on peut s'expliquer son origine. Tout le monde sait que la routine existait avant l'invention des méthodes, que l'on faisait et que l'on fait encore des ouvrages très-bien ajustés, rien qu'avec le goût et l'habitude du travail ; mais ce que bien des tailleurs ne savent pas, c'est que tous les patrons portent en eux-mêmes leur méthode ; il ne s'agit que de la chercher. De plus, les modèles qui vont le mieux quand ils sont coupés par routine sont presque tous des patrons proportionnés ; c'est une expérience que nous avons faite plus de cent fois. Ainsi, la différence de l'un à l'autre n'est que dans la substitution des lignes et des chiffres que nous employons pour désigner la forme et la grandeur des patrons, au lieu de tracer les contours au hasard. Ainsi les patrons figures 1 et 2 ne perdent rien pour avoir des lignes et des chiffres : ils gagnent au contraire en ce que l'on peut se rendre compte de leurs formes. Le mesurage qui y est appliqué en long et en travers se partage en deux dimensions : *longueur* et *largeur*. Les points de longueur sont marqués sur une ligne menée en long ou à droit fil ; ils n'ont qu'un point de départ désigné par un 0.

Les points de largeur sont les espaces marqués en travers ; ils sont dispersés sur différentes lignes, et il y a par conséquent autant de points de départ qu'il y a de lignes. On pourrait les reporter tous sur la ligne du haut, comme cela se faisait dans notre ancienne méthode ; mais les chiffres sont trop près les uns des autres, et puis le tracé est plus long à exécuter et moins précis, parce que les lignes peuvent dévier ; pour exécuter le tracé en grand, on se rappellera que toutes fois que la demi-grosseur sous les bras (le sous-bras) est de 48 centimètres on doit marquer les points de construction des patrons par centimètres. Si les sous-bras ont plus ou moins de 48 centimètres, il faut tracer les patrons avec des échelles de proportions désignées par les sous-bras.

La méthode la plus simple que l'on puisse adopter pour commencer est celle où l'on fait d'abord son tracé par échelle ou par centimètres sans s'occuper nullement des 22 mesures qui ont été prises à la personne. Quand les patrons sont tracés, on les vérifie avec les mesures ; on fait les exceptions nécessaires, tant pour l'effet des coutures que pour celui des tendages et serrages. Nous disons que c'est la méthode la plus simple, parce que les mesures feront toujours changer le patron suivant la différence qu'elles auront avec lui. D'un autre côté on n'est pas tenu de tracer toujours le même modèle, puisque dans les planches qui composent ce recueil il y a des coupes de tous genres. On peut choisir un modèle assorti à la construction de la personne en prenant un genre élancé s'il est élancé, ou gros s'il est gros. Pour tracer le dos, fig. 1, on fait une ligne en long qui sert pour la couture du milieu, on place sa mesure contre cette ligne, et l'on marque un premier point 0 sur le bout du ruban, un deuxième sur 13, un troisième sur 16, et un quatrième sur 46. On trace ensuite des lignes sur chaque point, et l'on a soin de les poser de façon qu'elles s'élèvent perpendiculairement sur leurs points; on met sur la ligne qui part du 0 une largeur de 6 pour l'encolure; on met sur les lignes 13 et 16 une largeur de 19 pour l'écarrure; on met sur le point 46 une largeur de 5 pour la taille. L'épaulette se fait d'abord en ligne droite, puis elle se creuse d'un demi ou d'un centimètre. Le côté a une ligne droite partant du bas de l'écarrure et s'arrêtant au point 46 ; elle sert d'appui à la ligne cintrée, qui pour l'ordinaire rentre d'un centimètre en dedans sur le tiers de la ligne droite.

Pour tracer le devant figure 2, on fait une ligne droite qui touche sur le côté, mais à un seul point; ce qui fait que cette ligne que l'on peut nommer *axe* ou *essieu* de construction semble idéale, parce que l'on peut la faire toucher plus haut ou plus bas, et incliner le patron, de façon que sa construction peut paraître toute différente. Les longueurs que l'on marque sur cette ligne sont 0 pour le haut de l'encolure, 4 pour le creux de l'encolure, 8 pour la pointe de l'épaulette, 10 pour le haut du revers, 22 pour la pointe du côté et le devant de l'emmanchure, 26 pour le dessous de l'emmanchure et le milieu du revers, 34 pour le rond du côté, 50 pour le creux qui porte sur la hanche et le bas du devant, 54 pour la pointe du côté. Après que l'on a marqué tous ces points, on mène une ligne sur chacun d'eux sans même leur donner une longueur fixe, puis on marque 22 sur le 0, 23 sur le 4, 5 sur le 8, 37 sur le 10, 3—17 sur le 22,

11—41 sur le 26, rien sur le 34, 16—39 sur le 50, et 8 sur le 54. On trace ensuite le tour du patron, et quand le dessin est fait il faut y appliquer les mesures avec ordre, sans cela on rencontrerait des difficultés. Ce travail est expliqué sur la figure 3 ; chaque ligne représente une mesure. Il y est démontré que pour le dos il faut mesurer la taille en premier, la carrure en second , et le montant en troisième. La taille peut faire allonger ou raccourcir le dos ; l'écarrure peut produire du rétrécissage ou de l'élargissement ; le montant peut faire descendre ou monter l'écarrure ; mais il ne doit jamais faire changer sa largeur lorsqu'elle a été bien prise sur la personne.

Pour mesurer le devant on emploie la cambrure en premier, en laissant dépasser le ruban de la valeur contenue par la taille du dos. La ceinture se mesure en deuxième, le buste en troisième, le petit côté en quatrième, et le grand côté en cinquième ; après cela on place le dos de façon que les côtés se touchent sur les deux tiers de leur longueur, et le bas de l'écarrure doit être en face du point donné par le grand côté et à 3 centimètres de distance. On mesure la courbure en sixième, l'avancement en septième, et pour celui-ci il faut que le ruban touche à la ligne qui marque le bas de l'écarrure, passe sous l'emmanchure, et s'arrête par devant. Le sous-bras se mesure en huitième ; il doit partir du milieu de la longueur du dos, passer près de l'emmanchure, et venir sur le devant de la poitrine. L'épaulette se mesure en neuvième, le tour d'épaule en dixième , le devant en onzième , la poitrine en douzième, le revers en treizième, l'encolure en quatorzième. Ces mesures peuvent dénaturer entièrement un patron, et voici leurs propriétés :

La cambrure fait avancer ou reculer le point qui est dans le creux du susson ; la ceinture fait élargir ou rétrécir le devant, et ces deux mesures combinées ensemble font changer le côté selon la force de la ceinture ; il y a pour cela des proportions que nous expliquerons plus loin ; le buste fait changer la longueur comprise entre l'épaulette et la hanche ; mais du moment où ce point est arrêté par la jonction des cambrure, ceinture et buste, il ne doit plus changer. Ainsi le petit côté pourrait faire monter ou descendre le dessous de l'emmanchure ; le grand côté pourrait faire monter, descendre ou rentrer la pointe du côté, et l'on ne toucherait plus le point de cambrure. La courbure fait monter ou descendre le dos, et il est à remarquer que les montants, courbure et grand côté, doivent donner d'eux-mêmes l'ouverture du crochet. Si, par exemple, la courbure fait remonter le dos et que la pointe du côté soit trop basse, il faudra la rentrer jusqu'à ce que le rond du côté soit assez long pour aller avec le dos. Si au contraire la courbure fait descendre le dos, il faudra ressortir le crochet jusqu'à ce qu'il se trouve d'accord avec le dos, ou bien diminuer le rond du côté, ce qui est la même chose. L'avancement d'épaule peut faire ouvrir ou refermer l'emmanchure.

Le sous-bras peut se trouver trop en arrière, et démontrerait que l'on met trop de largeur dans le haut des côtes. C'est l'effet des hommes gros. L'épaulette peut faire redresser ou renverser l'encolure, et pour ceci on peut observer en passant que pour placer la largeur de l'épaulette on reporte le diamètre de l'emmanchure en biais ; puis il sert d'appui pour la largeur de l'épaulette.

Le tour de l'épaule ne peut faire changer que la pointe de l'épaulette, attendu que l'emmanchure a déjà pris sa forme par l'emploi des grand et petit côtés, avancement et épaulette. Ainsi une emmanchure trop petite ne pourrait s'agrandir que par en haut, et la plupart du temps au lieu d'ajouter de l'étoffe on doit faire étendre l'emmanchure dans toute la partie qui contient l'embu de la manche.

La longueur du devant peut produire des changements par en bas, mais non à l'épaulette. La poitrine peut faire rétrécir le haut du devant. Le revers peut monter ou descendre l'encolure. Le collet peut aussi produire les mêmes changements. On a dit que dans les mesures de supplément il y avait le revers oblique pour connaître le serrage du revers, et la double poitrine pour calculer le redressement de l'épaulette. On peut comprendre celle-ci dans les mesures ordinaires.

A part l'ordre qu'il faut mettre dans l'emploi des mesures, il y a encore les exceptions qu'il faut faire en mesurant ; telle partie gagne, telle autre perd, et ces exceptions sont notées sur la figure 4. On a mis trois sortes de lettres dans l'intérieur de ce patron et une note à côté qui veut dire que la lettre P signifie *plus*, la lettre M signifie *moins*, et la lettre E signifie *égal;* on y a mis aussi les signes de l'algèbre : donc la taille doit avoir 1 centimètre de plus que la mesure ; l'écarrure doit être égale, le montant doit avoir 1 centimètre de plus.

La cambrure aura 1 centimètre de moins, parce qu'il faut tendre le susson ; la ceinture aura 1 centimètre de moins, par l'exception faite à la cambrure ; le buste sera égal, parce que le travail prête au moins de la valeur des coutures ; le petit côté aura un demi-centimètre de plus ; le grand côté et la courbure auront chacun 1 centimètre de plus ; l'avancement sera égal ; le sous-bras aura 6 centimètre de plus ajoutés sur le devant ; l'épaulette sera égale ; le tour d'épaule aura 1 et demi de moins ; le devant sera égal ainsi que la poitrine ; le revers aura 2 centimètres de plus ; la façon du devant étant une affaire de mode, c'est à celui qui coupe à prendre ses mesures de manière à pouvoir reproduire le genre qu'il veut.

Arrêtons-nous à ce que l'on vient de voir, comment ont trace un patron, comment on le corrige et comment on modifie quelques mesures. Que l'on ne croie pas surtout qu'il faut trois patrons de dos et devant, c'est aux mêmes modèles (figures 1 et 2) que tout cela s'applique. Nous allons maintenant expliquer une autre manière de faire les patrons par une méthode que l'on appelle le *tracé sur mesure;* il se fait avec les dix principales, qui sont la taille, le montant, l'écarrure, la cambrure, le grand côté, le petit côté, le buste, l'avancement, le sous-bras et la ceinture; il y a un petit tableau en tête de la planche qu'il faudrait lire avec soin et que nous allons répéter.

Pour le dos figure 5. A—B est la taille; si l'on a 45, on met 1 de plus. A—C vaut les deux tiers du montant comme 16 pour 24, et en le plaçant en biais il s'y trouve 25 pour 24.

C—D est l'écarrure. A—E a 6 de largeur, D—F a 3 de hauteur, et B—G a 5 de largeur comme pour le dos figure 1ʳᵉ.

Pour le devant figure 6. A—B est le buste tout entier reporté sur la ligne du côté. B—C compte pour l'encolure du dos, bien que la pointe du côté ne contienne pas toujours 6 de hauteur. C—D est le petit côté. C—E est le grand côté moins 2, comme 28 pour 30, ou bien 4 points d'échelle entre D—E.

A—F est les deux tiers de l'avancement, comme 22 pour 33; il en reste par conséquent 11 entre A—M qui ne sont pas employés. G—H est le reste de l'avancement, non pas les 11 qui sont restés en haut, mais la différence entre l'écarrure 19, et l'avancement 33, ce qui produit 14 pour l'espace G—H. H—I est la moitié du sous-bras, c'est la proportion commune pour bien des tailles. E—J est la cambrure.

C—J—K est la ceinture, cet espace se met à 1 centimètre de moins. B—L est le rentrage du côté; mais il faut qu'il soit gradué selon la ceinture, attendu que la distance n'est pas la même pour toutes les tailles. Les deux colonnes de chiffres qui sont en bas indiquent ces variations; nous en parlerons tout à l'heure. Les points qui n'ont pas de désignations se prennent sur les figures 1 et 2. Ce tracé sur mesure peut s'abréger par deux raisons. La première est qu'il y a plusieurs exceptions, que l'on ne peut bien comprendre qu'après avoir pratiqué longtemps. La deuxième est que l'on peut être privé des mesures, et par conséquent embarrassé pour dresser son plan; on réduit donc la méthode au seul emploi des buste et petit côté; si ces mesures manquaient, on sait que pour un homme droit le buste vaut 10 de plus que la taille, et que le petit côté vaut la moitié de la taille. Ainsi on place le buste entre A—B (figure 7), une valeur de 6 entre B—C. Le petit côté entre C—D, un espace de 4 entre D—E. Tous les autres points se marquent d'après ceux du patron proportionné ainsi qu'on le voit par les chiffres; il n'y a que la distance B—L qui se décompose selon la ceinture. C'est à présent qu'il faut voir ce que signifie ce rentrage pour les ceintures comparées sur les échelles de proportions.

Supposons pour un moment que l'on a pris mesure à onze personnes, et que toutes ont donné 48 centimètres de sous-bras, mais que le premier a 36 centimètres de ceinture, le deuxième 38, le troisième 40, le quatrième 42, etc., si bien qu'ils varieront depuis la ceinture la plus mince jusqu'à la plus forte, et qu'il faudra graduer les côtés dans les proportions suivantes :

Pour les ceintures depuis 36 jusqu'à 40, la pointe du côté reste toujours à 8 en dedans, parce que l'on ne peut pas dépasser ce terme à moins que l'on ne fasse le dos très-creux dans les côtés. Pour la ceinture à 42, la pointe est à 7 ; pour ceinture à 44, elle est à 6 ; pour ceinture à 46, elle est à 5. et pour ceinture à 48, elle est à 4. Ceci forme une limite dans laquelle on peut remarquer que, quand l'homme est aussi fort à la ceinture que sous les bras, le rentrage n'est que la moitié de ce que l'on met pour ceinture moins ; ainsi ayant en mémoire les cinq principaux chiffres qui sont 7, 6, 5, 4, on peut de suite calculer la distance du côté.

Pour les ceintures 50, 52, 54, 56, les rentrages sont à 3, 2, 1 et 0 ; c'est-à-dire que pour le dernier le côté vient toucher sur la ligne de construction, ce qui n'arrive pas souvent. Il nous reste à remarquer que pour faire ces gradations avec les échelles de proportions, le calcul est le même. Seulement il est précédé d'une comparaison semblable à celle-ci : cinq hommes auront donné chacun 44 centimètres sous le bras, leurs ceintures auront produit 36 pour le premier, 38 pour le deuxième, 40 pour le troisième, 42 pour le quatrième et 44 pour le cinquième. Si l'on veut de suite consulter la gradation, voici ce qui arriverait : on se dirait : Pour les ceintures depuis 36 jusqu'à 40, c'est toujours 8 à ôter ; pour celle qui a 42, c'est 7, et pour celle qui a 44, c'est 6 : ce serait donc une erreur, car 44 sous les bras et 44 à la ceinture, c'est comme 48, 48 ; 44 avec 42, c'est comme 48 avec 46. Ainsi la proportion ne serait pas relative parce que l'on oublierait que c'est avec l'échelle de proportion n° 44 qu'il faut tracer le patron, et qu'elle est plus petite que les centimètres. Ainsi au lieu de cela commencez par comparer les ceintures sur l'échelle de proportion n° 44, et dites 36 centimètres valent 40 points, or le rentrage est à 8 points d'échelle ; 38 centimètres valent 42 points, et le rentrage est de 7 ; 40 centimètres valent 44, le rentrage est de 6 ; 42 centimètres valent 46, le rentrage est de 5.

44 centimètres valent 48, et le rentrage est de 4 ; d'où l'on peut conclure que c'est une gradation générale que l'on a dans les deux colonnes, et non une gradation métrique.

Les figures 8 et 9 indiquent quelques variations qui dérivent de ce qui vient d'être dit : on trouve, par exemple, qu'avec un rentrage de 8 entre les points B—L, le crochet du haut ne rentre qu'à 3 entre A—G, tandis que pour un rentrage de 4, le crochet du haut rentre de 5 ; ce qui démontre que le haut du côté change en raison du bas. On voit aussi dans la figure 8, que la ceinture mince produit un abattage par devant qui nécessite une pince en long. On trouve encore que le redressement des épaulettes varie de 20 à 24. Par conséquent, les deux tiers de l'avancement placé entre A—F peuvent éprouver des modifications.

Prenons maintenant un aperçu du changement des modes, et remarquons, figures 10 et 11, qu'un dos peut avoir la taille plus longue et plus large. La carrure peut être plus haute ou plus basse avec des variations dans sa largeur ; on compte ordinairement que ce que l'on ajoute au dos se supprime au devant ; cela est vrai, moins quelques exceptions ; si, par exemple, on double la largeur de la taille comme 10 pour 5, on ne retranche que 4 dans le côté. Si l'on ajoute 3 au milieu du dos, on les ôte au côté, et la même chose a lieu pour le haut seulement ; quand le crochet est repincé, il faut le tenir un peu plus haut.

Lorsque le corsage est allongé tout autour de la taille, il faut une couture dans le côté, afin de gagner pour l'évasement ; ceci ne doit rien changer à l'aplomb, et c'est pour cela que nous préférons faire le devant d'une seule pièce, mettre un soufflet sur la hanche, et détacher le côté après que le patron a été apprêté. Pour façonner la poitrine on ne fait qu'une pince à la hauteur du dessous de l'emmanchure, et l'on serre un peu le devant. Pour apprêter le collet on prend la cassure en ligne droite touchant le coin de l'épaulette, et descendant au tiers de la longueur du revers, le collet touche à plat dans une partie de l'encolure, le pied est en dessous de la ligne, et il dépasse de 8 centimètres en dehors de l'épaulette.

Pour tracer la manche figure 12, on marque les longueurs en premier et les largeurs en deuxième ; pour la vérifier avec les mesures, on marque la longueur du coude et celle du poignet ; on met la moitié du tour d'épaule entre le talon et le haut du devant, puis la grosseur du coude et celle du poignet.

Comme évaluation, on compte que le rond du dessus d'une manche doit être plus ou moins saillant selon la force de l'épaule ; on compte que la distance depuis le talon jusqu'au coude est la même que depuis le coude jusqu'au haut de la couture du devant.

Pour tracer la basque d'habit, figure 13, le point 0 est pour la ligne du haut ; 5 est pour le haut du pli ; 30 pour le pli et le bord extérieur ; 65 est pour le bas. Le pli rentre à 5 en haut et 3 sur les deux autres points. La largeur 12 fait l'extrémité de la bande ; la largeur 30 est pour le cran d'une basque dégagée ; ses deux autres points sont 30 et 24 ; la basque large a 36 en bas, 38 au milieu et 36 en haut ; tout cela peut varier, il n'y a que le pli et la couture du susson qui conservent leur forme, attendu que ce sont les corsages qui en changent l'aplomb. Par exemple, pour un homme voûté, qui a presque toujours les reins rentrés et le derrière plat, il faut une taille un peu longue et des devants courts, et ceci relève le devant de la basque. L'homme renversé a la taille courte et les devants longs, et ceci la renvoye en arrière. Ainsi tous les calculs d'aplomb se réduisent à remarquer que la basque d'habit est une pièce détachée, n'ayant que deux points sujets à varier.

Les figures 14, 15, 16, sont des hauts de basques de redingotes. La figure 14 est une basque ordinaire, laquelle peut se tracer d'après les points de constructions, en remarquant que l'on peut mettre l'abattage à 12 au lieu de 16. Pour la faire sur mesure on marque d'abord l'abattage, ensuite le rempli à 4, et le point de la couture de l'anglaise à 8, puis on place la ceinture en biais comme par 8—42 ; on creuse le susson de 4 centimètres sur la ligne droite, et pour le pli il faut, après avoir tracé la couture du susson, en marquer une partie en ligne droite et chasser le pli par un petit renvoi de 1 centimètre sur 5 que l'on marque à partir du pli.

La ceinture mise toute entière en biais laisse la marge pour l'embu et le pli.

La basque, figure 15, est très-ample, et par ce moyen plus abattue par devant et plus avancée du côté du pli : le creux de la couture du susson est de 8 centimètres ; elle n'a pas besoin d'embu sur la hanche.

La basque, figure 16, est très-plate et contient trois pinces sur la hanche. C'est de cette façon qu'il faut les couper quand les tailles sont allongées par les côtés ; il reste à observer que, pour les basques plates ou très-amples, la forme de l'angle du pli est toujours la même, comme aussi l'aplomb du devant.

QUATRIÈME PARTIE.

PLANCHE N° 4.

On a vu dans l'article précédent que la méthode de la coupe des corsages, manches et basques dépend entièrement du mesurage : pour que l'on s'y exerce, nous aurions pu donner une collection de mesures qui auraient servi à dresser une quantité de modèles ; mais comme l'assurance ne vient qu'en pratiquant par soi-même, il vaut mieux que l'on fasse les expériences sur des personnes que l'on connaît, et dont on peut observer la construction. D'ailleurs il est très-aisé de trouver des mesures dans la disposition même des patrons, car, d'après ce qui a été dit dans l'explication du tracé sur mesure, on a vu que la plupart des points de construction se marquent avec les mesures ; donc, si on les note chacune à leur place, il est clair que le patron dira sur quelles mesures il a été fait.

Dans les six modèles qui sont sur la planche n° 4, si l'on veut savoir quelles sont les mesures désignées par les points de construction, on comptera que, pour le dos, le chiffre qui est en bas de la taille doit désigner sa longueur, plus 1 centimètre qui est accordé pour l'échancrure et la couture du haut. Le chiffre qui est à l'écarrure désigne sa largeur ; le chiffre qui marque la hauteur de l'écarrure représente les deux tiers du montant ou à peu près.

Pour les devants, le chiffre qui marque la hauteur du défaut de la hanche représente la longueur du buste, moins l'encolure du dos ; quelquefois celui qui indique la pointe du côté représente le buste tout entier, quand la pointe contient 6 de hauteur. Le petit côté est indiqué par l'espace qu'il y a entre les deux chiffres qui, d'un côté, mènent sous l'emmanchure, et, de l'autre, au creux du susson : on dira, par exemple, entre 25 et 48, l'espace est de 23, et c'est le petit côté.

Le chiffre qui est en haut de l'encolure représente les deux tiers de l'avancement d'épaule, mais avec des exceptions, dont la principale est que pour les hommes voûtés et ceux qui ont les épaules hautes il y a plus des deux tiers.

Le chiffre qui est sur le devant de l'emmanchure représente l'avancement d'épaule ; pour cela, il faut l'additionner avec l'écarrure et soustraire l'abattage du crochet. Le chiffre qui est en bas du devant représente à peu près la ceinture ; celui qui est au creux du susson marque la cambrure ; et celui qui est à la pointe du côté est gradué d'après la proportion de la ceinture par rapport au sous-bras. Ainsi, pour chercher dans les patrons de corsage quelles sont les mesures qu'ils contiennent et les constructions d'hommes qui les ont produits, remarquez que les patrons, figures 1 et 2, sont pour un homme voûté, parce que, en comparant l'aplomb de longueur, on voit que la hauteur d'écarrure est à 16, que la pointe du côté est à 20, et que cela ne laisse qu'une différence de 4. Au lieu de 6, qui est la proportion ordinaire, l'encolure avance sur 24 au lieu de 22 ; l'emmanchure a 18 au lieu de 17. Dans les mesures que ce patron contient la taille vaut 47, le montant 24, l'écarrure 19, la cambrure 16, le petit 23, le buste 51 avec le dos, ou 48 sans compter ce dernier, l'avancement 31, le sous-bras 18, et la ceinture 40 ; c'est pour cela qu'il y a 3 en bas des côtés.

Les patrons, figures 3 et 4 sont pour un homme renversé. En comparant l'aplomb de longueur on trouve que la hauteur de l'écarrure est la même que pour le précédent, mais le crochet de l'emmanchure est à une profondeur de 24, et c'est un renversement de 4 en comparaison du voûté, et 2 en comparaison du droit. Dans l'aplomb de largeur on trouve l'écarrure étroite, l'encolure renversée, l'emmanchure en arrière, la poitrine très-forte, et le bas du côté élargi comme si l'homme était plus gros. Les mesures valent 45 pour la taille, 23 pour le montant et 18 pour l'écarrure; la cambrure est à 16, le petit côté à 24, le buste à 58 ou 52, l'avancement 34, le sous-bras 48, et la ceinture 38.

Les patrons, figures 5 et 6, sont pour un homme voûté et élancé. Par l'aplomb de longueur on voit que la profondeur de l'écarrure à 18 et la pointe du côté à 22 donnent le même rapport que les figures 1 et 2. Par la longueur de la taille et celle du buste on voit que le corsage est long, et il est à remarquer que l'homme élancé est celui qui a la taille à même longueur que le sous-bras, et que celle-ci dépasse. Les mesures de ce genre élancé et voûté sont: taille 51, montant 26, écarrure 20, cambrure 18, petit côté 25, buste 58, avancement 34, sous-bras 48, ceinture 39.

Les patrons figures 7 et 8 sont pour un homme renversé et trapu. Dans l'aplomb de longueur on voit que la profondeur de l'écarrure (14) avec celle du crochet d'emmanchure (22) produisent le même rapport que pour le genre renversé qui est au-dessous, mais que le dernier a l'épaulette plus courte et par conséquent plus droite; par cette raison, un homme pourrait être renversé de corps et avoir l'épaulette aussi droite que pour un homme voûté. Les mesures des figures 7 et 8 sont: taille 41, montant 23, carrure 20, cambrure 16, petit côté 24, buste 55, avancement 32, sous-bras 48, ceinture 47.

Les figures 9 et 10 sont pour un homme gros et élancé un peu courbé. Ses mesures sont: taille 49, montant 25, carrure 19, cambrure 18, petit côté 25, buste 58, avancement 34, sous-bras 48, ceinture 44.

Les patrons figures 11 et 12 sont pour un homme gros et trapu, avec un dos large et un aplomb qui recourbe d'un centimètre. Mais on pourrait observer sur cela que le bas du côté est relâché sur 4, et que la ceinture ne compte que pour 46, avec sous-bras 48. Cet élargissement pourrait donc faire lever la taille, et c'est pour cela que l'on a relevé la pointe du côté. En général, quand on mesure un patron, si la pointe de l'emmanchure se raccourcit et que celle du bas devienne aiguë, on peut toujours remonter celle d'en haut et diminuer l'autre, principalement pour les hommes gros.

Si l'on se rappelle ce qui a été dit au sujet des proportions intermédiaires entre deux modèles, on trouvera qu'ici l'on peut mélanger toutes les coupes les unes par les autres, comme si l'on prenait la moyenne entre le petit trapu et renversé pour le partager avec le grand voûté et élancé, puis refondre celui que l'on aurait fait avec une autre construction. Ces calculs deviennent presque un amusement, et puisque nous en sommes là, parlons d'un procédé très-simple qu'il y a pour noter la construction d'un patron rien que par des chiffres, sans même dessiner le modèle; on ferait pour cela un tableau comme il y en a un en bas de la planche, ou bien on se servirait du livret des mesures, et l'on noterait la construction du dos dans les colonnes où l'on écrit les mesures. On ferait la même chose pour la manche et le devant. Pour mettre cet exemple à profit, on a créé une coupe intermédiaire entre les figures 9-10 et les figures 11-12 : ainsi les longueurs du dos et du devant ont été mises sur une même ligne, et chaque largeur au-dessous, ce qui produit pour le dos : 0 — 13 1/2 — 16 1/2 — 46.

      6   —   19 1/2   —   6.

Pour le devant :

  0 — 4 — 8 — 10   — 21 1/2 — 26 1/2 — 34 — 49 — 54.
  23 — 24 — 6 — 37 1/2 — 4 1/2 — 12   — 0 — 18 — 5.
           18   — 42   —   — 43.

Ce qui prouve : 1° que, sachant bien tracer un patron avec les mesures, on peut en calculer le plan par avance; 2° que, voulant faire exécuter le tracé par une autre personne, on peut lui indiquer ses points comme si l'on faisait écrire un compte; 3° que si l'on reporte dans le livre des mesures le plan de la coupe que l'on a fait, elle se conservera aussi bien qu'un patron tout coupé; 4° que si l'on a fait des retouches, il suffira de changer les chiffres pour qu'elles n'aient pas lieu une autre fois; 5° que si l'on cote les chiffres par centimètres et que l'on voulût se servir du patron pour une autre personne, plus grande ou plus petite, tout en la supposant de la même structure, on sera embarrassé pour le réduire, et qu'il faut, par conséquent, le mesurer avec l'échelle de proportion donnée par le sous-bras; puis, comme il faut avoir d'avance la certitude qu'il convient à la personne, c'est encore aux mesures qu'il faut recourir pour en avoir la preuve. Attention à ceci, c'est le dernier article de fond sur les grandes pièces.

Quand on trace un patron par échelle de proportion, c'est pour que les points soient plus petits ou plus grands que les centimètres; mais, en définitive, les mesures prises à la personne doivent toujours trouver leurs places, et le tout est de savoir si le point d'échelle que l'on marque vaut la mesure que l'on a prise. Pour mieux expliquer cela prenons un exemple :

On a par écrit les mesures d'un homme voûté et élancé, répondant aux patrons figures 5 et 6. Les principales mesures sont : taille 47, montant 24, écarrure 18 1/2, cambrure 16 1/2, petit côté 23, buste 53, avancement 31, sous-bras 44, ceinture 36. On se dira d'abord il faut tracer le patron avec l'échelle n° 44 ; puis la ceinture est mince et le rentrage doit rester à 8 ; ensuite la taille 47 et le buste 53 n'ont qu'une différence de 6 au lieu de 10 ; et cet homme est voûté, de plus il est élancé, parce que le dos est de 3 centimètres plus long que le sous-bras. Mais si l'on veut mettre les mesures en regard des points de construction, il n'y en a pas une qui s'y rapporte ; puisque, en les désignant plus haut, on a dit que la taille valait 51, le montant 26, l'écarrure 20, etc., c'est que alors on supposait le tracé fait par centimètres, et qu'ici il faut le faire par échelle : ainsi, traduisons les centimètres en points d'échelle, et nous verrons que

les centimètres. . . . . . 47—24—18 1/2—16 1/2—23—53—31—44—36
valent sur l'échelle n° 44 : 51—26—20   —18   —25—58—31—48—39

Voyez maintenant que les chiffres de la deuxième ligne répondent aux points de construction des patrons, attendu que la taille marque 52 pour 51 ; le montant vaut 27 pour 26 ; la carrure 20 ; le point qui est en bas du côté marque 58 ; l'espace pour la pointe est de 6 ou de la même valeur que l'encolure du dos ; le petit côté est contenu dans l'espace 27-52 ; le côté de l'encolure a un peu plus des 2/3 de l'avancement parce que le patron est voûté ; le devant de l'emmanchure indique 17, l'écarrure est de 20, et cela forme un total de 37 ; sur quoi ôtez 4 de crochet, restera 33 ; mais comme le côté est rond, l'avancement placé en dessous a un peu plus de valeur. Le point de cambrure et celui du devant sont assortis aux mesures traduites.

Avec ceci on peut adopter le système qui conviendra le mieux, soit que l'on préfère le tracé complet sur mesure, sans cependant supprimer l'emploi des échelles de proportion, soit que l'on trace un devant avec les deux principales mesures, soit que l'on choisisse un patron assorti à la construction de la personne.

MÉTHODE DES GILETS.

La méthode des gilets est la même que celle des corsages, et tout ce qui a été dit sur cette partie y est applicable. Les mesures que l'on doit prendre sont indiquées sur la figure 6, planche n° 1. On les mesure ainsi :

N° 1, taille ; n° 2, cambrure ; n° 3, courbure ; n° 4, petit côté. Ces quatre mesures sont prises comme pour un habit, c'est-à-dire en dessus.

N° 5, buste pris en sautoir et venant d'une hanche à l'autre. N° 6, devant placé aussi en sautoir. Ces deux mesures s'écrivent par moitié.

N° 7, sous-bras en grosseur totale du haut du corps. On l'écrit par moitié, et le numéro qu'elle donne indique l'échelle de proportion dont il faut se servir. On sait que c'est la même mesure que pour l'habit, puisque pour celui-ci il faut prendre la grosseur sur le gilet.

N° 8, ceinture ou circonférence du corps au bas de la taille. On l'écrit aussi par moitié.

L'étude du gilet se fait sur une taille proportionnée, et sa coupe est en rapport avec les figures 1 et 2 de la planche n° 3, c'est-à-dire que l'aplomb contient le même principe; que la profondeur de l'emmanchure du devant est de 1 centimètre plus haute que celle de l'habit, mais qu'en les plaçant l'un sur l'autre ils sont au même point; le dos a l'emmanchure d'un centimètre plus basse que celle du devant; et en réunissant les côtés, plaçant le devant et le dos de l'habit par-dessus, et faisant rencontrer les encolures, le bas des devants moyennant que le gilet dépasse de la valeur du rempli et de la place de la boutonnière, en faisant tout cela, disons-nous, le dos du gilet monte de 1 centimètre au-dessus de celui de l'habit.

La construction des gilets se note aussi sur deux dimensions : les longueurs sont sur une seule ligne, les largeurs sont placées sur différents points.

La méthode primitive consiste à tracer d'abord les dos et devant, figures 13 et 14; puis, quand le tracé est fait, on y passe les mesures dans l'ordre indiqué par les figures 15 et 16 : c'est-à-dire, le buste en 1ᵉʳ, le petit côté en 2ᵉ, la grosseur sous les bras en 3ᵉ, et la ceinture en 4ᵉ; ces deux grosseurs doivent se mesurer avec le dos, cela vas sans dire; le devant se mesure en 5ᵉ. Si les taille, cambrure et courbure manquaient, on compterait que pour l'homme droit le dos est d'un point plus profond à hauteur d'emmanchure; autrement, le dos se vérifie en plaçant la cambrure en bas du dos, la courbure en biais et la petite côte dans le côté. Les exceptions à faire sont que le buste se mesure juste, mais que l'on ajoute un rempli par en bas, et que l'on met 1 centimètre de plus pour la couture de l'épaulette; le dos ayant 7 d'encolure, il n'en faut compter que 6; le petit côté a 1 1/2 pour les deux remplis; le sous-bras a 6 de plus. Pour toutes les diminutions telles que rempli du devant, boutonnage du gilet droit, coutures du côté et plissage du milieu du dos.

La ceinture a 3 centimètres de plus pour toutes les pertes; le devant a 1 centimètre de plus par en bas, et sans compter le centimètre que l'on laisse pour la couture de l'épaulette. Pour le dos, figure 18, la cambrure est égale, la courbure a 4 centimètres de plus et le petit côté 1 1/2 de plus, comme le devant. Comptez maintenant que les figures 13 et 14 sont pour donner le plan du tracé, et que ce plan sert pour toutes les tailles et subit moins de variations que la coupe des habits, en ce que la position de l'épaulette et le point de la poitrine sont fixes. Comptez aussi que pour évaluer la demi-grosseur sous les bras, il faut additionner la largeur du dos, 26, avec celle du devant, 28, ce qui donne un total de 54, et produira par conséquent 6 de plus que le sous-bras, n'importe sur quelle échelle on fasse le tracé du modèle.

En employant les mesures on trouvera que le buste fait allonger ou raccourcir le devant par le côté ; le petit côté appuyé sur le buste pourra faire monter ou descendre l'emmanchure ; le sous-bras ne fera pas changer la largeur du gilet si les points ont été bien marqués. La ceinture fera élargir ou rétrécir le bas ; et pour proportionner les changemens, il faut recourir au calcul que l'on a donné pour le rentrage des côtés des habits, en comptant que si l'on ôte 8, il faudra n'en ôter que la moitié pour le dos du gilet, et l'autre moitié pour le côté du devant

La longueur du devant pourra faire allonger ou avancer le bas du devant selon la force de la ceinture. La cambrure n'est que pour servir d'appui à la courbure, et celle-ci avec ses 4 centimètres de plus fait monter ou descendre le dos ; par conséquent, les positions voûtées ou renversées dépendent de cette mesure, et elle est indispensable. On n'a pas indiqué l'emploi de la longueur de taille, cependant elle peut se placer sur le milieu du dos avec 4 centimètres de plus. Son but principal est d'assigner la position de l'homme en comptant que pour celui qui est droit le buste a 10 centimètres de plus ; celui qui a 14 de plus est l'homme tout à fait renversé, et celui qui n'en a que 6 est tout à fait voûté.

La construction d'un gilet peut aussi se noter par des chiffres ; en supposant que le devant, figure 17, ait été mesuré de tous côtés, et changé en un devant à châle, on mesurerait tous les points de longueurs et largeurs, et on les écrirait dans la disposition qui est au-dessous.

Les gilets se tracent aussi avec les mesures, et cela est noté en haut de la planche. Pour le devant, figure 19, A—B est la longueur du buste ; B—C est l'encolure du dos ; C—D est le petit côté. On peut aussi mettre la longueur du devant entre A—B, mais en déduisant l'encolure du dos par avance.

Pour le dos, figure 20, on prend la cambrure entre A—B ; la courbure, plus 1, entre B—C ; le petit côté, plus 1, entre A—D. Tous les autres points se prennent d'après les figures 13 et 14, à l'exception du bas du gilet qu'il faudra raccourcir selon la ceinture : on vous indique pour cela que, dans les figures 21 et 22, on peut ôter 2 ou ajouter 2 en bas de la taille ; ôter 4 ou 8 entre les côtés : le 4 est pour ceinture forte, le 8 est pour ceinture ordinaire. Quand on n'ôte que 4 dans les côtés, il faut ajouter 4 par devant.

La figure 22 indique que pour remonter un dos on peut l'allonger par en haut, et c'est ce qui courbe le patron.

Les figures 23 et 24 démontrent comment on place le collet d'un gilet boutonné jusqu'en haut.

On voit aussi que pour moins employer d'étoffe on peut rétrécir le devant et ajouter la même valeur au dos.

PLANCHE N° 5.

Cette planche contient des corsages, manches et gilets pour des hommes de cinq constructions différentes. Le premier encadrement renferme les patrons pour un homme élancé, et le dernier ceux d'un homme gros et trapu ; les modèles intérieurs sont faits d'après la méthode de calcul intermédiaire. Pour tracer les modèles en grand, il y a trois principales remarques à faire : La première est que malgré que l'on puisse faire un patron sur diverses grandeurs, il y a cependant une limite où tel genre ne peut plus aller. Le plus élancé, par exemple, ne pourra jamais se faire avec l'échelle n° 56, et le plus gros avec l'échelle n° 40. Ainsi, on a désigné le nombre des grosseurs sur lesquelles on peut les faire, et les patrons figures 1, 2, 3, 4, 5, sont pour des sous-bras depuis 38 jusqu'à 46 ; les patrons figures 6, 7, 8, 9, 10, sont pour des sous-bras depuis 40 jusqu'à 48 ; les figures 11, 12, 13, 14, 15, sont pour des sous-bras depuis 44 jusqu'à 50 ; les figures 16, 17, 18, 19, 20 sont pour des sous-bras entre 48 et 54 ; les figures 21, 22, 23, 24, 25, sont pour des sous-bras compris entre 50 et 56.

Cela veut dire qu'avec les échelles de proportions on peut faire 39 patrons de corsages et autant de gilets.

La deuxième remarque est que les devants désignent la graduation du rentrage des côtés, comparativement aux ceintures. Le point 8 (figure 1re) est pour les ceintures minces jusqu'à 8 centimètres de moins que le sous-bras ; le point 7 (figure 6) est pour la ceinture qui vaut 12 ; le point 6 (figure 11) est pour la ceinture qui vaut 14 ; le point 5 (figure 16) est pour celle qui vaut 16, et le point 4 est pour celle qui vaut 18.

La troisième remarque est que pour assortir les patrons aux mesures, il ne faut pas oublier que toutes les fois que les sous-bras ne sont pas à 48 centimètres il faut traduire les tailles, écarrure, busc, petit côté et ceinture, par échelles de proportions, et choisir un modèle qui porte à peu près les mêmes points ; quand on place d'avance le busc et le petit côté sur la ligne de construction, cela n'empêche pas de choisir un modèle pour tous les autres points.

Les gilets présentent des variations relatives à celles des corsages... On remarquera que pour les hommes gros de ceinture, le boutonnage des devants est cause que le gilet se casse et qu'il faut autant que possible mettre le dernier bouton ou plus haut ou plus bas que le défaut de la poitrine.

PLANCHE N° 6.

Cette planche contient des modèles d'uniformes, amazone, manteaux et soutane. Dans les patrons d'uniforme, le dos figure 1re marque deux largeurs de taille : 4 pour habit long, et 2 pour kourka de lancier.

Le devant, figure 2, est pour habit ou capote; le revers de celle-ci est dessiné sur le devant, et doit être un peu plus court, et dépasse de 2 centimètres en dehors. Le revers d'habit, figure 3, est pour les uniformes à plastron.

Le devant, figure 4, est pour expliquer comment on doit apprêter la garniture : c'est une coupure faite en long, qui donne 2 centimètres de rond de chaque côté, et qui produit le creux nécessaire pour emboîter la poitrine.

La basque, figure 5, est pour un habit avec tour de poche. La basque du dos est à côté, et cependant c'est une pièce séparée.

La basque, figure 6, est pour un habit de lancier.

La figure 7 est pour un habit d'artilleur.

La figure 8 est un collet abattu pour habit ou tunique. Les figures 9, 10 et 11 sont les patrons d'une amazone. On n'a pas de méthode achevée pour cet article ; les patrons se tracent par centimètres et répondent à un sous-bras de 44 ; quand on veut les réduire, on prend une échelle à 4 points plus haut, comme échelle 48 pour sous-bras 44, échelle 46 pour sous-bras 42, etc. Les mesures se prennent et s'emploient comme pour un habit.

Le coupon qui est à côté indique les dimensions de la jupe et l'emploi de l'étoffe. La figure 12 est le dos de la jupe, et la figure 13 en est le devant, tout le corsage est en bas du coupon.

La figure 14 est une encolure de manteau-burnous, avec une pince sur chaque épaule. La figure 15 est l'encolure d'un manteau plein ou rond.

La figure 16 est un manteau ordinaire ou châtré ; les longueurs sont indiquées sur le modèle.

Les figures 17, 18, 19 et 20 sont les patrons d'un manteau à manches, qui peuvent, avec quelques modifications, s'employer pour robe de chambre ou pour des paletots sacs.

Les figures 21 et 22 sont un corsage de soutane, qu'il faut d'abord tracer comme si la basque était rapportée; puis placer le devant sur le drap, pour que la basque tienne après, comme dans la figure 24. La basque du dos, figure 23, est notée par des chiffres qui en désignent la forme. On remarquera que tous les modèles, depuis la figure 12 jusqu'à la dernière, sont réduits au vingtième de leur grandeur naturelle, et que pour le placement de la soutane le drap est supposé avoir 80 centimètres ou demi-largeur.

Imprimerie de Vᵉ Dondey-Dupré, rue Saint-Louis, 46, au Marais.

DOS.				MANCHE.					STUCTURE.					CORSAGE.								MESURES SUPPLÉMENTAIRES.							
Voir la figure 1.				Voir la figure 2.					Voir la figure 3.					Voir la figure 4.								Voir la figure 5.							
N°1.	N°2.	N°3.	N°4.	N°5.	N°6.	N°7.	N°8.	N°9.	N°10.	N°11.	N°12.	N°13.	N°14.	N°15.	N°16.	N°17.	N°18.	N°19.	N°20.	N°21.	N°22.	N°1.	N°2.	N°3.	N°4.	N°5.	N°6.	N°7.	N°8.
Taille.	Escope	Montant	Carrures.	Coude.	Poignet.	Tour d'épaule.	Coude.	Bas.	Cambrure.	Courbure.	Grand côté.	Petit côté.	Buste.	Devant.	Revers.	Poitrine.	Epaulettes.	Collet.	Avancement.	Sous-bras.	Ceinture.	Pointe du côté.	Hauteur d'épaule.	Suite.	Double montant.	Double poitrine.	Revers oblique.	Grandes Revers.	Diamètre.

RAPPORT DES MESURES POUR APPRENDRE A LES COMPARER ET A CHERR CELLES QUI MANQUENT.

UTILITÉ DE CES MESURES.

FIG. 1.

FIG. 2.

FIG. 3.

FIG. 4.

FIG. 5.

FIG. 6.

FIG. 7.

FIG. 8.

FIG. 9.

MESURES POUR LES GILETS.

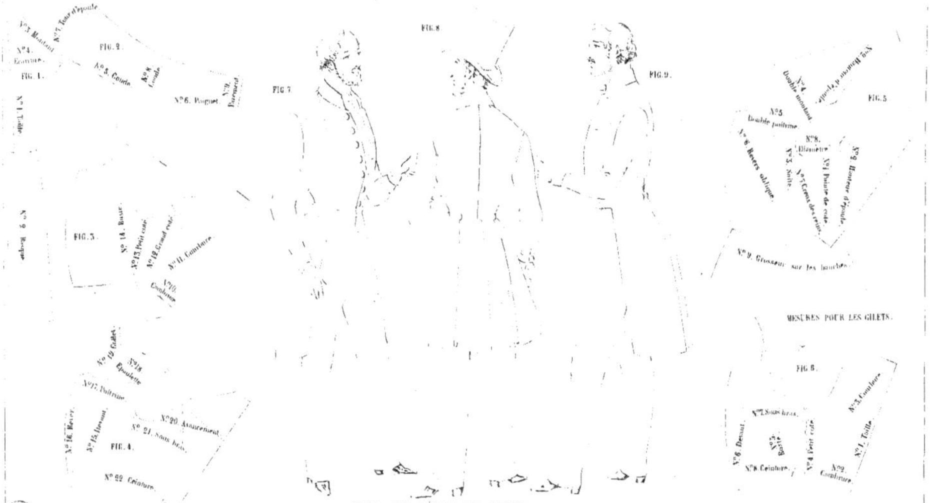

BUSTES POUR DESIGNER LES MESURES.

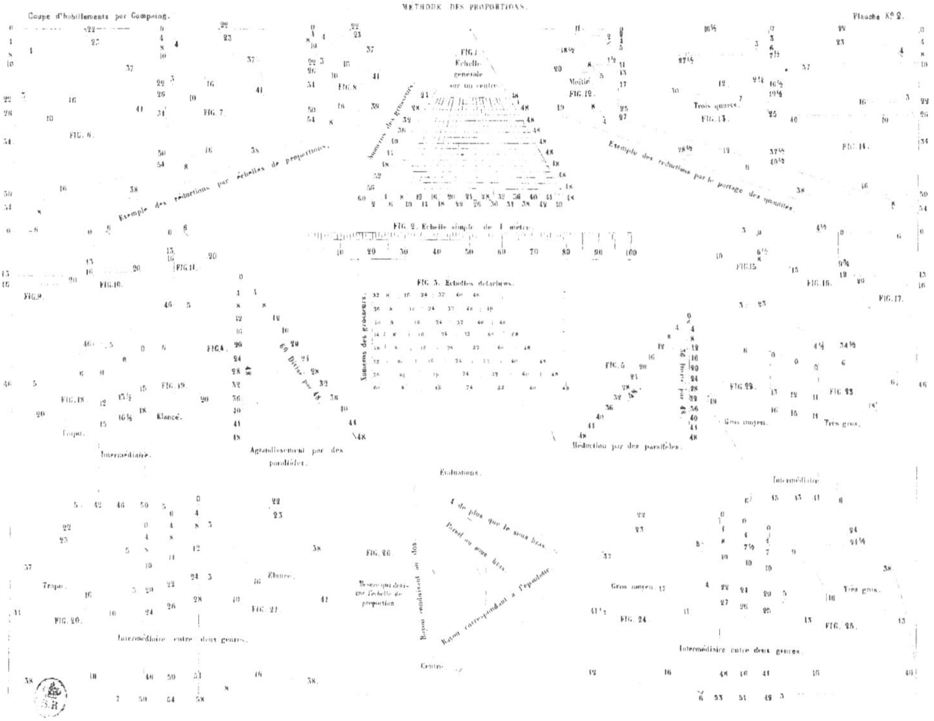

Coupe d'habillements par Compas.

Exemple des réductions par échelles de proportions.

Exemple des réductions par le portage des quantités.

FIG. 1. Échelle générale sur un centre.

Moitié. FIG. 12.

Trois quarts. FIG. 13.

FIG. 14.

FIG. 2. Échelle simple de 1 mètre.

FIG. 3. Échelles détachées.

Numéros des grosseurs.

FIG. 4.

FIG. 5.

FIG. 6.

FIG. 7.

FIG. 8.

FIG. 9.

FIG. 10.

FIG. 11.

FIG. 15.

FIG. 16.

FIG. 17.

FIG. 18.

FIG. 19.

Élancé.

Coupé.

Intermédiaire.

Agrandissement par des parallèles.

Réduction par des parallèles.

Gros moyen.

Très gros.

Évaluations.

FIG. 20.

FIG. 21.

Élancé.

Trapu.

Intermédiaire entre deux genres.

Pareil au sous bras.

Rayon correspondant à l'épaule.

Centre.

Gros moyen.

FIG. 24.

Intermédiaire.

Très gros.

FIG. 25.

Intermédiaire entre deux genres.

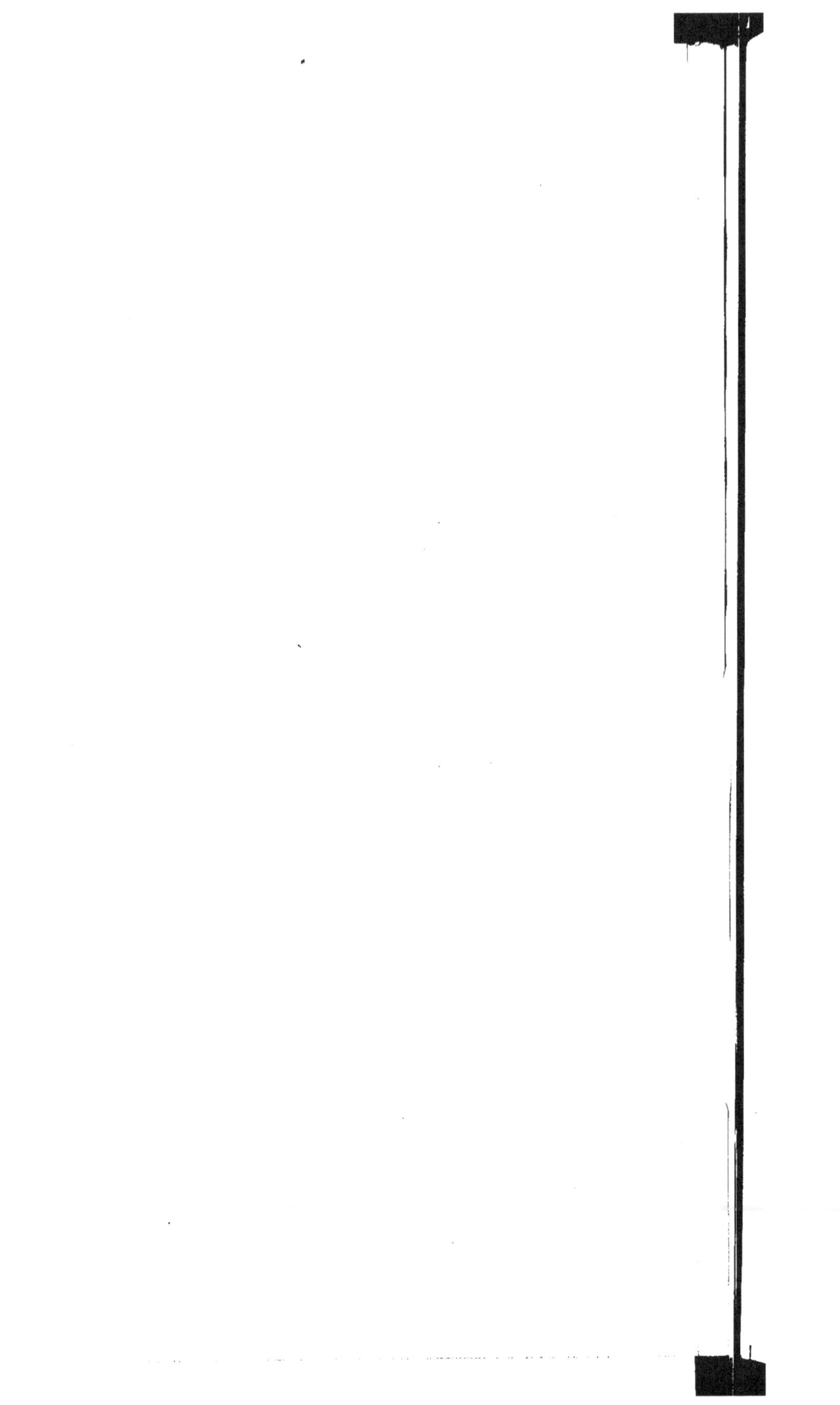

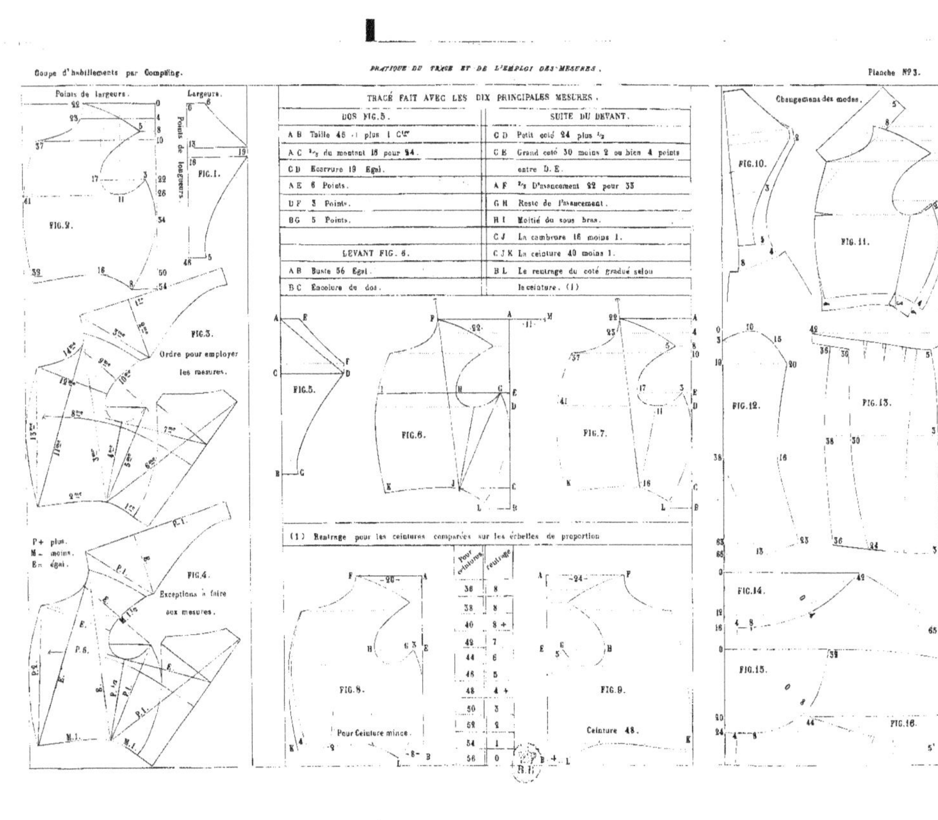

TRACÉ FAIT AVEC LES DIX PRINCIPALES MESURES.

DOS FIG.5.	SUITE DU DEVANT.
A B Taille 45 -1 plus 1 C.ⁱ	C D Petit coté 24 plus ½
A C ⅓ du montant 15 pour 24.	C E Grand coté 30 moins 2 ou bien 4 points
C D Ecorrure 19 Egal.	entre D. E.
A E 6 Points.	A F ⅓ D'avancement 22 pour 33
D F 3 Points.	G H Reste de l'avancement.
B G 5 Points.	H I Moitié du sous bras.
	C J La cambrure 16 moins 1.
LEVANT FIG. 6.	C J K La ceinture 40 moins 1.
A B Buste 56 Egal.	B L Le rentrage du coté gradué selon
B C Encolure du dos.	la ceinture. (1)

(1) Rentrage pour les ceintures comparées sur les échelles de proportion

Coupe d'habillemens par Compaing.

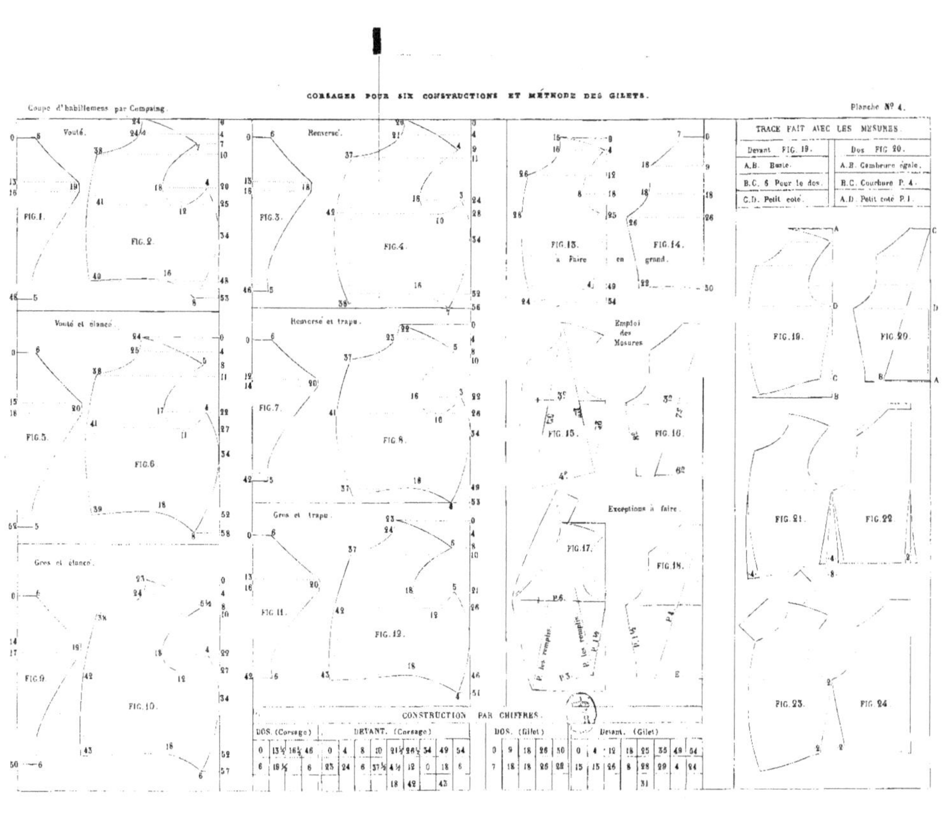

CONSTRUCTION PAR CHIFFRES.

DOS. (Corsage)				DEVANT. (Corsage)								DOS. (Gilet)					Devant. (Gilet)						
0	13½	16½	46	0	4	8	10	21½	26½	34	49	54	0	9	18	26	30	0	4	12	18	25	35	49	54
6	19½		6	23	24	6	37½	4½	12	0	18	6	7	18	18	26	22	15	15	26	8	28	29	4	24
							18	42		43											31				

Coupe d'habillemens par Compaing.
COLLECTION DE CORSAGES ET GILETS DEPUIS LA TAILLE ÉLANCÉE JUSQU'AU GROS.
Planche. N° 3.

Pour sous bras de 38 à 46.
Pour sous bras de 40 à 48.
Pour sous bras de 44 à 50.
Pour sous bras de 48 à 54.
Pour sous bras de 56 à 58.

Echelle 40.
Echelle 44.
Echelle 48.
Echelle 52.
Echelle 56.

Fig. 1.
Fig. 2.
Fig. 3.
Fig. 4.
Fig. 5.
Fig. 6.
Fig. 7.
Fig. 8.
Fig. 9.
Fig. 10.
Fig. 11.
Fig. 12.
Fig. 13.
Fig. 14.
Fig. 15.
Fig. 16.
Fig. 17.
Fig. 18.
Fig. 19.
Fig. 20.
Fig. 21.
Fig. 22.
Fig. 23.
Fig. 24.
Fig. 25.

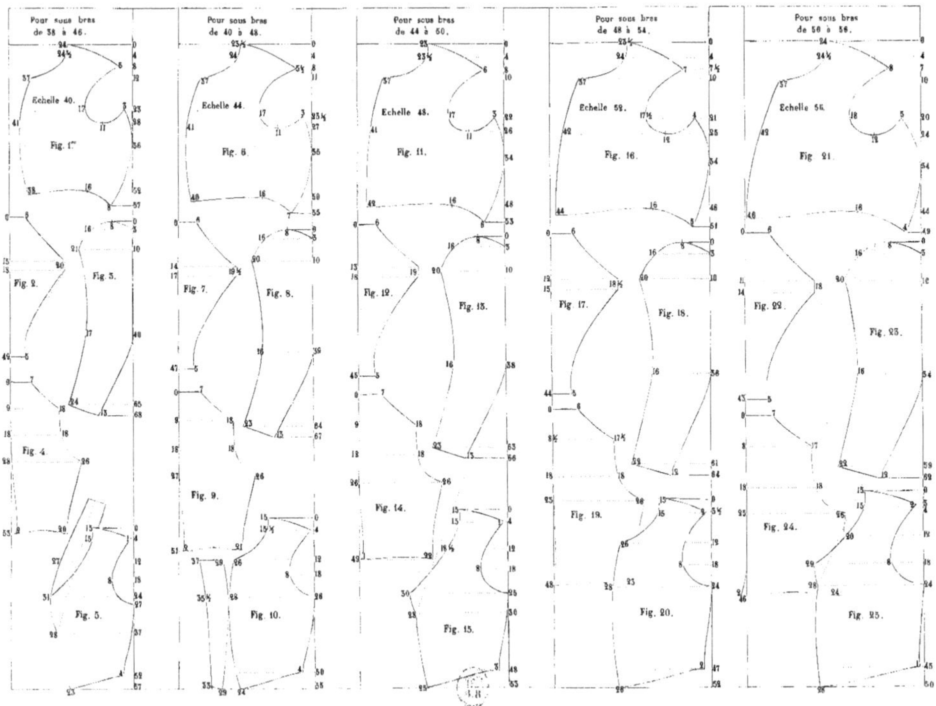

FIG. 2.

FIG. 4.

FIG. 1.

FIG. 3.

FIG. 5.

FIG. 6.

FIG. 7.

FIG. 8.

FIG. 9.

FIG. 10.

FIG. 11.

Emploi de l'Etoffe.

FIG. 12.
Dos de la jupe.

FIG. 13.
Devant de la jupe.

FIG. 14.

FIG. 15.

FIG. 16.

FIG. 17.

FIG. 18.

FIG. 19.

FIG. 20.

SOUTANE.

FIG. 21.

FIG. 22.

Placement sur étoffe.

FIG. 23.

FIG. 24.

FIG. 25.

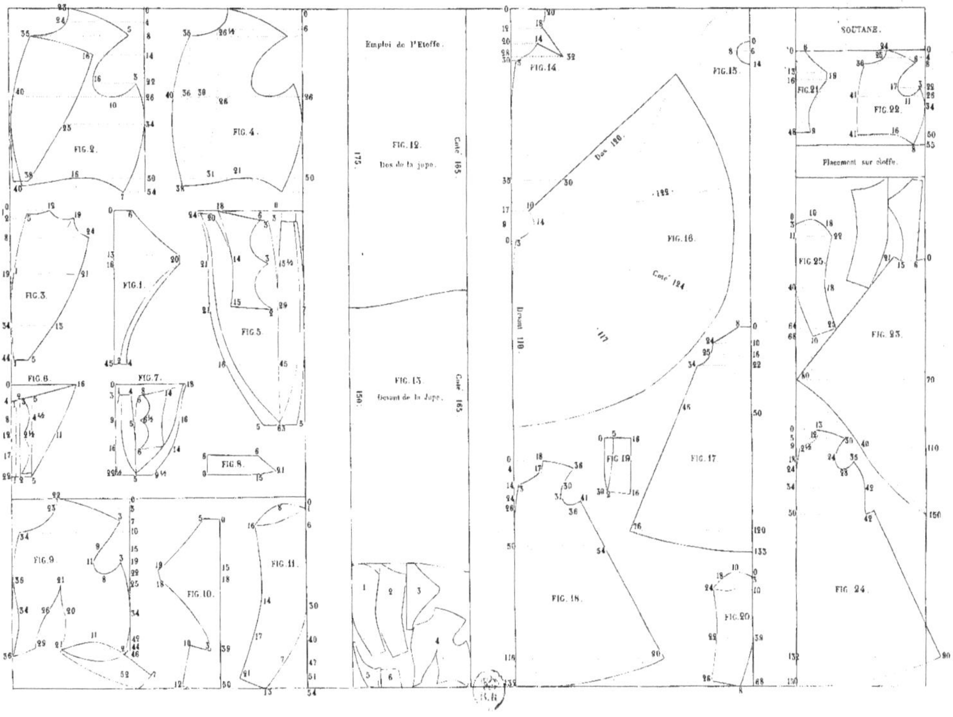